Encontrando la luz en el espectro

Ingrid Yánez Caballero

Encontrando la luz en el espectro

Ingrid Yanez Caballero
Todos los derechos reservados

El Shaddai Publishing House
www.elshaddaieditorialhouse.com
elshaddaieditorial@gmail.com

Portada : Anamaria Torelli
Ilustración: María José Mateo

Primera edición, Mayo 2025

DEDICATORIA

Dedico este libro primero que todo a Dios, por ser la fuente de mi fortaleza y el guía que me dio el valor para llegar hasta aquí. Gracias, Señor, por inspirarme a abrir mi corazón y compartir mi historia, sabiendo que todo lo que soy y lo que he logrado es por tu gracia y amor infinito.

A mi esposo, el pilar de mi vida, el hombre que es mi apoyo constante, mi mejor amigo y mi compañero de sueños. Eres la cabeza y guía de nuestro hogar. Tu sabiduría y amor inquebrantable son los que dan dirección a nuestra familia. Gracias por ser el reflejo del amor de Dios en nuestro hogar y por caminar a mi lado con el corazón lleno de generosidad y entrega. Te agradezco por tu respaldo, por tu visión y por ser el mejor ejemplo de lo que significa ser un verdadero hombre de Dios.

A mis hijos, mi mayor bendición y el motor de mi vida. Ustedes me dan fuerza en los momentos de debilidad y alegría en los días grises. Su amor incondicional me motiva a seguir creciendo y mejorando cada día. Gracias por enseñarme que el amor verdadero no tiene límites y por recordarme con cada sonrisa y gesto lo afortunada que soy.

A mi familia, mi sostén y refugio dedico unas palabras llenas de gratitud. Gracias por su respaldo incondicional, por su amor sin reservas, por ser siempre una constante fuente de fortaleza y comprensión. Desde el primer día, han estado ahí, sin importar la distancia ni las circunstancias. Su apoyo ha sido el ancla que me ha permitido mantenerme firme durante las tormentas; su abrazo cálido que me ha dado fuerzas cuando más las necesitaba. Cada uno de ustedes, con su amor, sus palabras de aliento y su fe inquebrantable en mí, ha sido esencial en cada paso de este viaje. Sin su presencia y sin su constante refuerzo no habría tenido ni el impulso ni la motivación para seguir adelante. Ustedes son los que me han transmitido el coraje para soñar y escribir. Mi vida no sería la misma sin su amor, sin el ejemplo de unidad y firmeza que siempre me han mostrado. Agradezco cada sacrificio, cada gesto y cada sonrisa que me han regalado, porque en ustedes he encontrado no solo una familia, sino un remanso de amor y esperanza.

Con todo mi amor y gratitud, dedico este libro a todos ustedes, quienes han hecho posible que hoy pueda compartir este capítulo de mi vida con el mundo.

ÍNDICE

PRÓLOGO

Como analista de conducta certificada (BCBA), con formación en Psicología y una Maestría en Neurodesarrollo, he tenido el privilegio de acompañar a muchas familias en sus recorridos, cada uno único, complejo y profundamente humano, pero hay vínculos que se vuelven memorables, no solo por el proceso clínico, sino por la conexión que se genera a través del respeto mutuo, la empatía y la admiración.

Mi encuentro con Ingrid Yanez Caballero nació a partir de mi trabajo con su hijo, Ethan, un niño diagnosticado con autismo a temprana edad.

Aunque no fui la primera profesional en intervenir, sí tuve la oportunidad de acompañarlos durante una etapa prolongada, por lo que fui testigo del impacto transformador de una intervención temprana y del poder inmenso del amor materno y familiar.

Ethan no fue solo un caso más. A través de su mirada, sus avances, sus desafíos y sus tiempos, también pude observar la evolución de una madre que no se limitó a sostener el diagnóstico, sino que decidió trascenderlo. Ingrid no se conformó con entender el autismo como una etiqueta: lo abrazó como una oportunidad para crecer, reinventarse y mirar hacia adentro. La vi pasar del desconcierto a la comprensión, de la angustia al empoderamiento. La vi caerse y levantarse mil veces, siempre con un propósito claro: ser el pilar que su hijo necesitaba. Lo hizo sin dejar de ser ella misma: una mujer, además, con deseos de bailar, reír, viajar, cuidar su salud y su aspecto, esposa, hija, nuera y madre de otro hijo.

Como madre también, comprendo la inmensidad emocional, y el desafío físico y psicológico que implica criar a un hijo, formar a un ser humano lleno de preguntas, con mil incertidumbres. Ser madre de un niño con necesidades diferentes, con sensibilidades particulares, es aún más complejo. No es un camino lineal y mucho menos fácil. Es una travesía llena de preguntas sin respuestas, de noches en vela, de momentos en los que la culpa y el miedo se convierten en compañía frecuente. Pero también es una ruta que, si se transita con conciencia y apertura, abre la puerta a una transformación profunda. En ese trayecto, he aprendido que las madres son el sostén de sus hijos, pero, también, son guerreras silenciosas y verdaderas transformadoras. Son mujeres que, en medio de la incertidumbre, logran reconstruirse, sanar y convertirse en la mejor versión de sí mismas para acompañar a quienes más aman, mejorando en ese afán la vida, y las expectativas de sus hijos y seres queridos.

En mi labor profesional he tenido la dicha de acompañar a muchas madres como Ingrid: mujeres extraordinarias que aprenden a vivir en medio del caos, a sostener rutinas imposibles, a luchar contra el sistema, contra el tiempo y, muchas veces, contra sí mismas. Son mujeres que, mientras aprenden sobre reforzadores, procesos de extinción, necesidades sensoriales, conductas maladaptativas, programas de reemplazo y funciones de la conducta, también aprenden a confiar de nuevo, a amar sus procesos, y a mirar con nuevos ojos la maternidad... y la vida.

Este libro no solo narra la historia de una madre y su hijo, es una carta abierta a todas las familias que transitan por el autismo. Es un testimonio que honra la vulnerabilidad, la resiliencia y el amor como fuerza de transformación. Y es, para mí, un recordatorio de por qué elegí este camino: para acompañar, sostener y aprender de cada familia que me abre las puertas a su mundo.

Gracias, Ingrid, por permitirme ser parte del tuyo.

M.Sc. Gisselle Martínez
Behavior Analyst (BCBA)

INTRODUCCIÓN

Un viaje de amor y descubrimiento

Este libro nace de un proceso profundo, un viaje que ha sido tanto externo como interno, lleno de momentos de reflexión, aprendizaje y transformación. Un viaje que, al principio, no imaginaba que emprendería, pero que se fue revelando a medida que la vida me mostraba nuevos horizontes y me empujaba a abrir mi corazón, a dejarme llevar por el amor y la fe, y a compartir con el mundo aquello que a menudo permanece guardado en lo más profundo de nuestro ser.

Este viaje tiene un nombre: el autismo, un camino en el que, como familia, descubrimos una realidad que, aunque desafiante, también nos ofreció oportunidades profundas para crecer, amar y aprender. Encontrando la luz en el espectro es el reflejo de todo lo que hemos vivido, de las pruebas, las victorias y las enseñanzas que nos ha brindado este diagnóstico.

El amor es el hilo conductor de cada capítulo, la fuerza que ha guiado mis pasos y que me ha permitido descubrir lo más hermoso y auténtico de mí misma, mi familia y mis hijos. He aprendido que el amor no es solo una emoción, sino una decisión diaria, una acción constante que requiere valentía, sacrificio y, sobre todo, una fe firme en Dios y en los demás. A través de este viaje he comprendido que el verdadero amor no es perfecto, pero sí incondicional, transformador y lleno de bendiciones, y mucho más aún cuando se ama a alguien con autismo.

Este libro es un testimonio de cómo, a través del amor y la fe, podemos superar nuestros miedos, sanar heridas y encontrar la paz. Es un reflejo de las luchas que enfrentamos como familia al descubrir este diagnóstico, pero también de las victorias que nos ha dado, de las maneras en que hemos aprendido a ver más allá de los desafíos, hacia la luz que brilla en cada rincón del espectro. A lo largo de estas páginas comparto mis aprendizajes, mis emociones y la forma en que Dios ha sido mi guía constante, sosteniéndome y llenándome de fuerza para seguir adelante.

En este proceso no solo he aprendido sobre el autismo, sino también sobre la profundidad de mi alma. He descubierto que, a veces, las respuestas más trascendentales no están fuera de nosotros, sino dentro, esperando ser escuchadas. He encontrado que el verdadero propósito de la existencia radica en vivir con autenticidad, abrazando nuestras imperfecciones y confiando en el amor divino que siempre nos acompaña, especialmente cuando enfrentamos realidades tan complejas como el autismo.

En cada paso de este camino he estado acompañada por personas que han sido faros de luz en momentos oscuros. Mi deseo al escribir este libro es que al leerlo encuentres inspiración, consuelo y aliento en tu propia travesía, ya sea que vivas el autismo de cerca o simplemente busques comprenderlo mejor. Espero que estas palabras resuenen en tu corazón y te recuerden que no estamos solos en nuestras luchas y triunfos.

Este es un viaje que no termina, porque el amor y el descubrimiento son procesos continuos. Lo que comparto aquí es solo una parte de lo que he vivido, pero confío en que, al igual que yo, cada uno de ustedes emprenda su propio trayecto hacia la luz del autismo, encontrando paz, esperanza y fortaleza en cada momento.

Razones por las que escribí este libro

Escribí este libro porque, como mamá de un niño con autismo, conozco el poder de una historia compartida. Los altibajos, los giros inesperados, los momentos de alegría y los de desesperación son experiencias que nos unen. Cuando a mi hijo se le diagnosticó autismo, sentí una ola de emociones, pero una de las cosas que recuerdo con más claridad fue la sensación de aislamiento. Creía que nadie entendía verdaderamente la situación por la que estaba pasando, aunque sabía que debía haber otros por ahí navegando en el mismo mar de confusiones.

Con el tiempo me di cuenta de que tenía mi propia historia que contar. He aprendido mucho, no solo sobre el autismo, sino sobre mí misma, mi hijo y el tipo de madre que quiero ser. Y son esas lecciones, esa sabiduría ganada con esfuerzo, las que quiero compartir contigo.

Escribí este libro porque quiero ayudar a otras mamás de niños con autismo a sentirse vistas, escuchadas y comprendidas. Quiero que sepan que sus sentimientos, ya sean de frustración, miedo o amor incondicional, son válidos, como también sentirse perdidas de vez en cuando y no tener todas las respuestas.

Escribí este libro porque creo que hay poder en la vulnerabilidad. Al compartir mi experiencia, espero crear un espacio donde otros padres, familias y seres queridos encuentren consuelo, aliento e incluso inspiración. Quiero mostrar que, a pesar de los desafíos, en este viaje hay belleza, fuerza y esperanza, que se pueden hallar incluso en las circunstancias más difíciles.

Pero lo más importante es que escribí este libro porque creo que cada niño, esté o no en el espectro autista, merece ser celebrado por lo que es. Merece que se honre su singularidad y que su voz sea escuchada. Quiero compartir este libro como un recordatorio de que todos estamos aprendiendo, creciendo y adaptándonos juntos y que el proceso de criar a un niño con autismo está lleno de amor, resiliencia y posibilidades.

Si estás leyendo estas líneas, quiero que sepas que no estás sola. Este libro es para todos los que pasan por algo similar. Juntos, podemos crear un mundo donde florezcan la aceptación y la comprensión, y donde el autismo no sea algo a lo que haya que temer o que se deba esconder, sino algo que abrazar y celebrar.

El poder de compartir nuestras historias

Hay un poder profundo en compartir nuestras historias. Cuando abrimos el corazón y hablamos sobre ellas, no solo liberamos el peso de nuestras cargas, sino que también invocamos la presencia de Dios en nuestras vidas y en las de otros. Esas historias son más que solo relatos personales, son testimonios de fe, resiliencia y la gracia de Dios que nos sostiene incluso en los días más oscuros.

Como mamá, he aprendido que nuestras historias son herramientas de conexión y empoderamiento. Nos recuerdan que no estamos solas. Fue a través de la vulnerabilidad de abrirme sobre mis luchas, dudas y miedos que experimenté la gracia de Dios de maneras que nunca esperé. Dios siempre ha sido mi roca, mi refugio y mi fortaleza en este viaje. Hubo momentos en los que no sabía cómo iba a superar otro día. El peso emocional de cuidar a un niño con autismo puede ser abrumador, pero fue en esas situaciones de agotamiento absoluto e incertidumbre cuando Dios me sostuvo cerca. Aprendí a apoyarme en Sus promesas, sabiendo que Él nunca me dejaría ni me abandonaría (Deuteronomio 31:6). Fue Su amor lo que me dio el valor de seguir adelante cuando sentía que no tenía nada más que ofrecer.

Compartir nuestras historias crea espacio para que otros experimenten ese mismo tipo de consuelo. Cuando nos abrimos sobre nuestras propias luchas, damos a otros la oportunidad de ver la fidelidad de Dios en acción. Nos recordamos mutuamente que, sin importar los desafíos que enfrentemos, servimos a un Dios que es más grande que cualquier miedo, cualquier retroceso o cualquier dificultad. Él es el que nos sostiene firmes, incluso cuando la tormenta parece demasiado difícil de soportar.

La Biblia nos recuerda en 2 Corintios 1:3-4 que Dios es "el Padre de las misericordias y el Dios de toda consolación, que nos consuela en todas nuestras tribulaciones, para que podamos consolar a los que están en cualquier tribulación con el consuelo con que nosotros somos consolados por Dios".

Nuestras palabras expresan la esperanza de que Dios puede usar nuestro dolor para un propósito mayor, para alentar y fortalecer a otros que están transitando un camino similar. Es a través de nuestras experiencias compartidas que nos damos cuenta de lo profundamente conectados que estamos, no solo unos con otros, sino con Dios, que nos sostiene.

Para mí, contar mi historia es una forma de adoración, de honrar a Dios por Su guía, Su gracia y Su amor inquebrantable. Es mi forma de dar testimonio de Su bondad, incluso en medio de los desafíos. Y mi esperanza es que, a través de este testimonio, otros se sientan alentados a compartir también sus propias historias: historias de lucha, sí, pero también historias de fe.

Oro para que este libro te sirva como un recordatorio de que, sin importar en qué parte de tu viaje te encuentres, Dios está contigo. Su amor es constante y Su gracia es suficiente. Nuestras historias, cuando se comparten, tienen el poder de traer sanación, crear conexión e inspirar esperanza, porque están basadas en una fe inquebrantable.

Lo que este libro ofrece a otros padres y familias de niños con autismo

Este libro es un trabajo de amor, escrito desde el corazón de una mamá que ha recorrido el difícil, pero hermoso camino de criar a un niño con autismo. Mi esperanza es que, al compartir mis experiencias, ofrezca algo valioso a otras familias de niños con autismo, ya seas madre, padre, abuelo o cuidador. Sin importar en qué etapa de tu viaje estés, confío en que este libro te aporte aliento, comprensión y esperanza.

Como ya he expresado, en principio experimenté una sensación de aislamiento, pues pensaba que nadie entendía lo que vivía. Los desafíos a veces parecían insuperables y la montaña rusa emocional era agotadora. Pero la verdad es que hay una comunidad de familias como la tuya y la mía caminando por este mismo sendero. Este libro está destinado a ser un compañero, concebido para ayudarte a ver que, incluso cuando sientas que navegas sola a través de tu situación, Dios está contigo y también muchas otras personas que te apoyan.

Este libro también te ofrecerá consejos prácticos e ideas basadas en mis propias experiencias. Hablaré abiertamente sobre los desafíos que hemos enfrentado, ya sea lidiando con el diagnóstico inicial, investigando en el sistema educativo, buscando terapia o encontrando los recursos adecuados. A lo largo del proceso he aprendido mucho sobre lo que funciona, lo que no y lo que realmente importa. Espero que mis aprendizajes hagan tu viaje un poco más fácil.

Pero, más allá de lo práctico, quiero que este libro nutra tu espíritu, que te recuerde que Dios está contigo en cada paso, que Su fuerza te sostendrá cuando te sientas débil y que Su amor nunca te fallará. Quizás te sientas abrumada por el peso de tu situación, pero puedes encontrar paz sabiendo que no tienes que cargarla sola. Dios promete en Isaías 41:10: *"No temas, porque yo estoy contigo; no te angusties, porque yo soy tu Dios. Te fortaleceré y te ayudaré; te sostendré con la diestra de mi justicia"*. A esta verdad me he aferrado en los momentos más difíciles y mi intención es que te aliente a ti también.

Es mi interés que este libro sea un espacio para la reflexión y la sanación emocional, pues es muy fácil quedar atrapada en las luchas diarias y perder de vista lo lejos que hemos llegado.

Compartiré historias de esperanza y gracia, momentos en los que Dios se presentó de las maneras que menos esperaba, cuando una oración fue respondida en el instante perfecto o cuando un pequeño avance en el desarrollo de mi hijo me recordó su fidelidad.

Quiero que sepas que siempre hay espacio para la sanación, incluso en medio del dolor. Puede que no tengas todas las respuestas, pero tu historia aún se está desarrollando y hay mucha belleza pendiente por encontrar.

Este libro también te ofrecerá una nueva perspectiva sobre la neurodiversidad. Hablaré sobre la belleza de ver el mundo a través de los ojos de mi hijo y cómo Dios ha usado el autismo para dar forma a mi comprensión del amor, la aceptación y la gracia.

Nuestros hijos no están definidos por un diagnóstico; son maravillosamente hechos a imagen de Dios, con dones y habilidades únicas que tal vez no siempre se vean como esperamos. Oro para que, a través de estas páginas, recuerdes el increíble valor que tu hijo aporta al mundo, tal como es.

Finalmente, espero que este libro te brinde una sensación de empoderamiento. El autismo presenta desafíos, pero también abre oportunidades para el crecimiento, la conexión y el cambio. El poder de compartir nuestras historias radica en que nos une y nos muestra qué tan capaces somos, hasta dónde es posible llegar y cuán fuertes estamos para enfrentar la adversidad. Cuando termines de leer estas páginas, deseo que te vayas con la creencia renovada de que estás haciendo un trabajo increíble, que eres suficiente y que Dios te ha equipado con todo lo que necesitas para amar, apoyar y cuidar a tu hijo.

Este libro no es solo para que lo leas, es para que lo lleves contigo, para apoyarte en los momentos difíciles y para encontrar consuelo cuando te sientas abrumada.

CAPÍTULO 1

El momento en que lo supe

La primera vez que supe que había algo diferente en mi hijo Ethan no se trató de una sola revelación dramática, sino de una serie de pequeños momentos e indicios inquietantes que comenzaron a acumularse.

Todo comenzó una noche, con un comentario de mi esposo que me hizo detenerme y plantearme si tal vez, solo tal vez, había algo de cierto en ello.

Nos encontrábamos en medio de la dinámica cotidiana con nuestro hijo Ethan, de 17 meses. Yo estaba embarazada de ocho meses, de Nathan, nuestro segundo hijo. Tenía las manos ocupadas, pero todo parecía normal... o al menos trataba de convencerme de eso.

Fue en ese instante cuando Diego, mi esposo, con una expresión de preocupación, manifestó algo que aún no me había permitido admitir. Me dijo que Ethan no estaba actuando "normal". No respondía a su nombre, había dejado de hacer contacto visual y de decir "mamá" y "papá". Mostraba un poco de lentitud al hablar, pero sus interacciones sociales y respuestas parecían estar bien, al menos para mí.

A medida que mi esposo seguía hablando, algo en lo más profundo de mi ser comenzó a moverse. No quería admitirlo, pero las palabras de Diego me hicieron cuestionarme. ¿Podría ser que algo realmente estuviera mal?

Le dije, casi a la defensiva: "Ethan está bien. Es perfecto". Quería creer desesperadamente que era así, que se trataba sólo de una fase o algo parecido, pero en lo más profundo de mi corazón empezaron a infiltrarse las dudas. ¿Acaso era demasiado sobreprotectora? ¿Podría ser que Ethan realmente estuviera actuando "raro", caminando de puntillas, haciendo aleteos de manos y movimientos repetitivos? Todo lo que decía mi esposo comenzó a tener sentido, la idea de que algo no estuviera bien ya invadía mi mente.

Cuanto más lo pensaba, más lo veía también. Ethan no respondía a su nombre, su lenguaje retrocedía y parecía cada vez más absorbido en su propio mundo. Había comenzado a notar estos comportamientos, pero prefería ignorarlos, diciéndome que tal vez solo era una madre excesivamente intensa. Pero ahora, al reflexionar sobre lo que mi esposo había señalado, me di cuenta de que ya no podía seguir ignorando las señales.

Sentí una ola de miedo, pero fue reemplazada rápidamente por una fuerte y decidida determinación de obtener respuestas. Sabía que tenía que actuar. No podía seguir esperando que mis preocupaciones se desvanecieran. Necesitaba entender qué pasaba con mi hijo, saberlo todo ¡ya!, así que contacté a un neurólogo para comenzar el proceso de investigación. Estaba aterrada de lo que pudiera escuchar, pero también sabía que esperar o fingir no haría que las cosas mejoraran, así que, pese al miedo, proseguí.

No sabía qué depararía el futuro ni qué tipo de vida tendría Ethan. Enfrentar lo desconocido era abrumador. Pero, en lo más profundo de mi ser, también era consciente de que Dios me había llevado hasta ese punto por una razón. No me había dado a ese hijo para que anduviera por la vida sin propósito y, sin importar el resultado, estaba convencida de que Él estaría con nosotros en cada paso del camino. Me aferré al versículo de Isaías 41:10: "Así que no temas, porque yo estoy contigo; no te angusties, porque yo soy tu Dios. Te fortaleceré y te ayudaré; te sostendré con mi diestra victoria".

Aceptar la nueva realidad

Aceptar que la vida de mi hijo sería diferente a lo que había imaginado fue uno de los pasos más difíciles. Al principio, el diagnóstico parecía como una puerta cerrada, una realidad que no sabía cómo afrontar, pero con el tiempo, empecé a darme cuenta de que la clave no estaba en resistirme, sino en aprender a confiar en un proceso que, aunque incierto, estaba guiado por algo mucho más grande que yo.

Recuerdo aquellos momentos en los que me sentía sola, cuando el peso de las preguntas sin respuestas parecía aplastarme. Pensaba en las expectativas que tenía para mi hijo, en todo lo que imaginaba que sería su vida: los amigos, la escuela, las experiencias compartidas... Y aunque muchas de esas ideas parecían desvanecerse, algo dentro de lo más profundo de mi ser me decía que había más. Fue entonces cuando comencé a recurrir con mayor empeño a mi fe. En la quietud de la oración, sentí un consuelo y una paz que no podía encontrar en ningún otro lugar.

Un consejo que deseo compartir con los padres que atraviesan por algo similar es prestar atención a las señales de otras personas, como las maestras o familiares cercanos. A veces, aunque nos duela o nos moleste oír comentarios sobre el comportamiento de nuestros hijos, esas precisiones suelen ser muy valiosas. Las maestras son muy observadoras y notan cosas que, como padres, tal vez no hemos visto. Lo mismo ocurre con los familiares y amigos cercanos. Ellos son capaces de ver patrones que, aunque difíciles de aceptar, pueden ser los primeros indicios de que algo merece atención. Escuchar esas "red flags" o "banderas rojas", aunque sean incómodas, puede ser el primer paso para buscar ayuda y comenzar el proceso de apoyo necesario para nuestros hijos.

La espiritualidad me permitió ver la situación con nuevos ojos. Ya no percibía la diferencia de mi hijo como una carga, sino como un regalo que nos invitaba a vivir la vida de una manera más profunda y consciente. Cada día que pasaba aprendía a confiar más en Dios y en su plan para nosotros. Aunque no entendiera completamente por qué las cosas sucedían como se presentaban, sentía que había algo divino guiando nuestros pasos. Aceptar la nueva realidad ya no era un acto de resignación, sino de entrega. Me di cuenta de que el amor de Dios estaba presente en todo momento, en cada paso del viaje, incluso en las dificultades.

La oración se convirtió en mi refugio. No pedía respuestas fáciles, sino fuerza y sabiduría para enfrentar lo que venía. A través de mi fe, entendí que Dios no nos da batallas que no podamos manejar y que, aunque el camino no siempre sería fácil, Él estaba con nosotros en cada tramo. Fue entonces cuando comencé a encontrar paz en lo desconocido, porque sabía que no íbamos solos. Cada vez que el miedo se apoderaba de mí, me refugiaba en la certeza de que mi hijo estaba bajo el cuidado de un amor infinito y que este viaje, aunque desafiante, también ofrecía múltiples posibilidades.

Con el tiempo, empecé a ver la belleza en la diferencia. El autismo de mi hijo no era algo que necesitara ser "arreglado", sino que formaba parte de su ser único, maravilloso y valioso. Aceptar la nueva realidad no implicaba renunciar a los sueños, sino abrir el corazón a otra forma de soñar. Con Dios como guía, comencé a ver más allá de las limitaciones, a comprender que la vida con autismo podría ser tan rica, alegre y significativa como cualquier otra.

Mi fe me ayudó a llenar cada día con esperanza sabiendo que, aunque el sendero fuera incierto, Dios tenía un propósito para cada uno de nosotros. Al aceptar nuestra nueva realidad sentí una profunda gratitud por la oportunidad de ser mamá de un niño tan especial y por todo lo que este viaje me estaba enseñando sobre paciencia, amor incondicional y la belleza de vivir el presente. Hoy sé que, a pesar de las dificultades, cada paso con mi hijo está lleno de bendiciones y de momentos divinos que nos llenan de esperanza y alegría.

Síntomas tempranos y corazonadas

Cuando miro atrás, veo con claridad esos pequeños destellos que, en su momento, cuando Diego me los señaló, parecían inofensivos, pero que ahora sé que eran señales tempranas de algo más complejo. En ese entonces, no tenía las palabras ni el conocimiento para describir lo que sentía. Solo había una creciente inquietud en mi interior, como una intuición que me decía que algo en el desarrollo de mi hijo no seguía el curso esperado. Sabía que algo estaba pasando, pero no podía identificar con exactitud qué era. Esas primeras corazonadas de madre, esa sensación de que tal vez las cosas no eran "como deberían ser", fueron las que marcaron el inicio de un largo proceso de búsqueda de respuestas.

Uno de los primeros síntomas que me llamó la atención fue la falta de contacto visual. Había leído mucho sobre el vínculo madre-hijo y cómo los bebés, desde muy pequeños, buscan la mirada de la suya, que se sienten atraídos por los rostros humanos y por la expresión emocional de los demás. Pero él, desde que era un bebé, evitaba mi mirada y, además, había una desconexión, una especie de distancia en la suya. Me recordaba un poco a las situaciones en las que nos sentimos observados, pero no conectados. Al principio, intenté atribuirlo a su personalidad tranquila, pensaba que tal vez era un niño introvertido, que simplemente no mostraba tanto interés en las interacciones visuales. Pero con el paso del tiempo, empecé a darme cuenta de que no se trataba sólo de una fase o de una característica propia de su carácter. Había algo más en juego.

Otro comportamiento que me preocupaba profundamente era su falta de respuesta a los estímulos. Los sonidos, las luces y otras cosas que otros niños suelen encontrar fascinantes y emocionantes, no parecían interesarle. Mientras otros bebés se volteaban con curiosidad al oír su nombre o aplaudían y reían al escuchar música, él permanecía absorto en su propio mundo, como si nada de eso tuviera importancia. No giraba la cabeza al oír su nombre ni mostraba la misma emoción que los otros niños. Esa desconexión de su entorno me llenaba de dudas y de miedo. ¿Por qué no respondía a su nombre? ¿Por qué no buscaba interactuar como los demás niños?

En ese momento, me asaltaron muchas preguntas sin respuestas. Miraba a mi alrededor y veía a otros niños con la misma edad de Ethan hacer cosas que parecían muy naturales: balbucear, sonreír al ver a otros, incluso mostrar una reacción ante el sonido de una canción. A veces, me sentía fuera de lugar, como si algo no encajara, pero no podía poner el dedo exacto en lo que era. De alguna manera, me tranquilizaba pensar que quizás me preocupaba demasiado, que se trataba solo una fase o una característica normal de su desarrollo, pero cada vez que veía esos pequeños signos, esa intuición dentro de mí se hacía más fuerte. Algo no cuadraba.

Recuerdo también los momentos en los que intentaba hacerlo reír. Hacía todo lo posible por captar su atención, imitaba sonidos, hacía gestos graciosos con la cara, pero no obtenía las respuestas que veía en otros niños. Me quedaba ahí, con la sensación de que estaba haciendo algo mal, de que tal vez me faltaba paciencia o de que él aún era muy pequeño.

Mi corazonada creció cuando noté que sus intereses eran muy específicos y aislados. Mientras que otros niños exploraban su entorno y jugaban con diversos objetos, Ethan parecía más centrado en un solo tipo de juguete o actividad por largo rato. Había algo en esa fijación que no entendía bien, que no podía encajar con lo que observaba en los otros niños de su edad.

Al mirar atrás ahora entiendo que esos primeros síntomas, esos destellos que antes me parecían pequeños o irrelevantes fueron señales clave. Lo que no percibía en ese entonces es que estas señales tempranas de autismo no solo eran aspectos a tener en cuenta, sino las pistas iniciales de un camino que, aunque incierto, también iba a estar lleno de descubrimientos, crecimiento y amor incondicional. Y esa es una de las lecciones más importantes que he aprendido: nuestras corazonadas, aunque no siempre tengamos las palabras exactas para describirlas, son herramientas poderosas en el proceso hacia la comprensión de nuestros hijos.

La detección temprana del autismo es crucial para intervenir lo antes posible y apoyar a los niños en su evolución. Los indicadores varían dependiendo del mes de desarrollo, pero hay algunas señales generales que los profesionales observan en distintas etapas del crecimiento. *Aquí te ofrezco un resumen de los indicadores clave que se pueden notar de acuerdo con estas*:

1. Desde el nacimiento hasta los seis meses

- Interacción social limitada: a esta edad, los bebés suelen sonreír en respuesta a las personas y buscar contacto visual. Aquellos con signos de autismo pueden mostrar poco interés en las interacciones sociales, evitando el contacto visual y no sonriendo en respuesta a los adultos.
- Falta de atención a los rostros: los bebés usualmente

se sienten atraídos por los rostros y tienden a fijarse en ellos. Aquellos con autismo pueden mostrar menos interés en observarlos.

- Respuesta a sonidos: los bebés pueden comenzar a voltearse en dirección a sonidos como la voz humana. Aquellos con autismo pueden no responder de la misma manera a los sonidos o voces.

2. De seis a doce meses

- Desarrollo del lenguaje: a los seis meses, los bebés comienzan a balbucear y emitir sonidos. Aquellos con autismo a menudo muestran un retraso o falta de balbuceo y puede ser que no imiten sonidos o movimientos.
- Poca respuesta a su nombre: aunque el bebé ya tiene la capacidad de escuchar y responder, aquellos con autismo a menudo no responden cuando se les llama por su nombre.
- Falta de gestos sociales: los bebés de esta edad suelen comenzar a hacer gestos, como señalar o saludar. Aquellos con autismo pueden no hacerlos o carecer de las mismas habilidades para expresar emociones a través de la comunicación no verbal.

3. De doce a dieciocho meses

- Retraso en la imitación: los niños comienzan a imitar acciones simples, como aplaudir o saludar. En el autismo, es común ver que no imitan estos comportamientos o muestran pocas acciones imitativas.
- Interacciones sociales limitadas: mientras que los niños de esta edad suelen mostrar más interés por jugar con otros, aquellos con autismo pueden preferir

jugar de manera solitaria o mostrar poco interés en compartir o interactuar con sus padres o compañeros.

- Ausencia de juego simbólico: a esta edad, los niños comienzan a desarrollar juegos imaginativos, como usar objetos de manera simbólica (por ejemplo, un bloque, como teléfono). Los niños con autismo pueden no mostrar estas habilidades.

4. De dieciocho meses a dos años

- Dificultades para entender las emociones: los niños típicos comienzan a reconocer y expresar emociones. Los niños con autismo pueden tener dificultades para entender las emociones de los demás o para expresar las propias de manera adecuada.
- Uso limitado del lenguaje: a los dos años, la mayoría de los niños comienzan a formar frases sencillas. En el autismo, es común que haya un retraso considerable en el desarrollo del lenguaje o que no se utilicen palabras para comunicarse.
- Repetición de comportamientos: los niños con autismo pueden mostrar comportamientos repetitivos, como balancearse, aplaudir o girar objetos. Estos comportamientos son menos comunes en niños típicos a esta edad.

5. De dos a tres años

- Falta de interés por jugar con otros niños: a esta edad, ellos generalmente buscan interacción social y disfrutan de los juegos de grupo. Los niños con autismo pueden seguir prefiriendo jugar solos o no comprender las reglas de los juegos sociales.
- Uso inusual de objetos: los niños con autismo pueden tener intereses muy específicos por ciertos objetos y

usarlos de manera inusual, como alinear juguetes en lugar de jugar con ellos de la manera usual.

- Dificultades con el lenguaje y la comunicación: el retraso en el lenguaje sigue siendo evidente, con pocos avances en la formación de oraciones completas. Algunos niños pueden desarrollar un lenguaje repetitivo o ecolalia (repetir lo que se dice).

6. A partir de los tres años

- Desarrollo más lento de habilidades sociales: los niños con autismo a menudo siguen mostrando dificultades en la interacción social, evitando contacto visual y no respondiendo a las emociones de los demás.
- Comportamientos restrictivos y repetitivos más marcados: estos comportamientos, como balancearse, girar o fijarse en partes específicas de objetos, tienden a ser más evidentes a medida que el niño crece.
- Dificultad para comprender conceptos abstractos: a medida que el niño crece, se hace más evidente que tiene dificultades para comprender conceptos abstractos o situaciones que no son concretas o muy claras.

Los indicadores de autismo pueden ser variados. La clave es observar la falta de interés en la interacción social, retrasos en el lenguaje y patrones de comportamiento repetitivos o restringidos. La detección temprana es esencial para proporcionar apoyo adecuado, por lo que es importante estar atentos a cualquier señal fuera de lo común y buscar la orientación de un profesional si se tiene alguna preocupación.

CAPÍTULO 2

Un nuevo camino en la búsqueda de respuestas

Cuando me dieron el diagnóstico de Ethan, yo estaba a punto de dar a luz a Nathan, mi segundo hijo. En medio de la confusión y la ansiedad por todo lo que significaba el autismo, Nathan llegó a nuestras vidas como un bálsamo. En esos momentos de incertidumbre y miedo a lo desconocido, tenerlo en mi regazo fue como un abrazo de esperanza. Su nacimiento me dio la fuerza para seguir adelante y el recordatorio de que, aunque el futuro de Ethan era incierto, el amor de mi familia seguía creciendo y se expandía con el bebé.

Sin embargo, mientras sostenía a Nathan, la realidad de Ethan y su diagnóstico seguían presentes. La ansiedad, el miedo al futuro y la necesidad de entender lo que le sucedía a mi hijo me impulsaron a buscar respuestas. Quería comprender lo más posible sobre el autismo, las terapias disponibles y, sobre todo, cómo podría darle a Ethan las herramientas para que tuviera una vida más plena.

Fue entonces cuando comencé a investigar más allá de las fronteras de los Estados Unidos, donde resido. Al principio, mi búsqueda fue algo desordenada, pero con el tiempo me di cuenta de que muchos países tenían enfoques únicos que enriquecieron mi perspectiva. En España, por ejemplo, descubrí el modelo Tratamiento y Educación de Niños con Autismo y Problemas de Comunicación (TEACCH, por sus siglas en inglés) que, aunque es originario de los Estados Unidos, en el citado país europeo tiene una gran presencia y se aplica ampliamente.

A través de cursos y seminarios en línea (webinars) ofrecidos por asociaciones españolas aprendí sobre este enfoque estructurado que pone un gran énfasis en la preparación del entorno para facilitar el aprendizaje y desarrollo del niño. Lo que más me llamó la atención fue cómo el modelo TEACCH valora la adaptación del ambiente físico, social y emocional, según las necesidades individuales, algo que me resultó particularmente útil, ya que mi hijo tenía dificultades con la organización y los cambios.

El TEACCH (en inglés, Treatment and Education of Autistic and Communication-Handicapped Children) es un enfoque de intervención educativa para personas con autismo desarrollado en 1972 en la Universidad de Carolina del Norte por el doctor Eric Schopler y su equipo. Su base se encuentra en la comprensión de las necesidades de aquellos que presentan trastornos del espectro autista (TEA) y busca proporcionar una estructura educativa adaptada a las fortalezas y limitaciones del individuo. Este modelo es ampliamente reconocido por su efectividad en mejorar la comunicación, las habilidades sociales y las capacidades académicas de las personas con autismo.

En México, encontré recursos y cursos que, aunque no tan formalizados como los de España, me ofrecieron herramientas prácticas muy valiosas. Algunos de los métodos que más me llamaron la atención fueron las terapias basadas en el juego y la intervención temprana a través de la estimulación sensorial. En muchas partes de México las terapias integrales y flexibles son populares, pues se adaptan a las necesidades individuales de cada niño, algo que resonó profundamente en mí. Algunos padres compartían sus experiencias utilizando arte, música y juegos para fomentar la comunicación y la interacción social, lo que me inspiró a probar estas actividades con mi hijo.

En Chile, también encontré recursos muy valiosos. Allí descubrí un enfoque inclusivo que promueve la integración del niño con autismo en aulas regulares, siempre que se brinde el apoyo adecuado. En algunas comunidades chilenas las escuelas colaboraban con terapeutas para crear un ambiente más inclusivo. Esto me motivó a investigar más sobre el diseño de programas educativos adaptados al autismo en el ámbito escolar. Esta combinación de tecnología y aprendizaje práctico me dio ideas para incorporar herramientas digitales en la rutina diaria de Ethan.

Aunque los enfoques variaban entre países, la diversidad de ideas y métodos que encontré me permitió comprender mejor las diferentes formas de abordar el autismo. En Estados Unidos predominaba el Análisis de Comportamiento Aplicado (ABA, por sus siglas en inglés), mientras que en España me encontré con el modelo TEACCH.

En México, la clave era la flexibilidad y adaptabilidad de las terapias. En Chile, la integración educativa ofreció una nueva perspectiva sobre la inclusión. Todos estos enfoques me brindaron una amplia variedad de herramientas, permitiéndome seleccionar las que mejor se ajustaban a las necesidades de mi hijo.

Este aprendizaje constante y tomar lo más útil de cada país me permitió sentirme más empoderada como madre. Aprendí que no hay un solo camino correcto.

Tenía la capacidad de adaptar los recursos y terapias a las particularidades de mi hijo, sin importar si provenían de España, México, Chile o Estados Unidos. La información estaba ahí, disponible para quien decidiera buscarla y cada nuevo conocimiento me acercaba más a entender cómo apoyar mejor el desarrollo de Ethan.

En mi camino también descubrí el PECS (Sistema de Comunicación por Intercambio de Imágenes), desarrollado en los años ochenta por Andrew Bondy y Lori Frost. Su objetivo era crear una herramienta de comunicación alternativa para niños con autismo que tuvieran dificultades para desarrollar el lenguaje verbal. El PECS permite a las personas con autismo comunicarse de manera funcional sin depender del habla. Se compone de seis fases, que van desde el intercambio de una sola imagen hasta la formación de oraciones completas con ellas, lo que permite expresar ideas más complejas.

Además, aprendí sobre los SAAC (Sistemas Aumentativos y Alternativos de Comunicación), que son herramientas y estrategias diseñadas para ayudar a las personas con dificultades de comunicación verbal a expresar sus pensamientos y necesidades de manera efectiva. Los SAAC pueden ser tanto tecnológicos como no tecnológicos y se adaptan a las necesidades del usuario. Los sistemas no tecnológicos incluyen tableros de comunicación, tarjetas o pictogramas, mientras que los tecnológicos pueden incluir dispositivos electrónicos con voz sintetizada o aplicaciones móviles que ayudan a la comunicación.

Los SAAC son efectivos porque permiten mejorar la comunicación, fomentan la participación social y ayudan a reducir la frustración de las personas que no pueden expresarse verbalmente. Además, son herramientas personalizables, lo que significa que se pueden adaptar a las necesidades cognitivas, motoras y lingüísticas de cada persona, brindándoles más formas de comunicarse y participar en la vida cotidiana.

Navegando en el sistema: ¡paso a paso!

Una de las mayores dificultades que enfrenté después de recibir el diagnóstico fue navegar por el sistema educativo y médico. Aunque sabía que mi hijo tenía derecho a recibir el mejor apoyo posible, la realidad es que el proceso de acceder a ese apoyo no siempre fue sencillo ni directo.

El sistema estaba lleno de obstáculos, desde esperar semanas para obtener citas con especialistas hasta tratar de entender la jerga médica y educativa, que parecía más confusa que útil.

El primer desafío fue, por supuesto, entender cuáles eran las opciones disponibles. En Estados Unidos el sistema escolar tiene programas de educación especial y servicios de apoyo para niños con autismo, pero la disponibilidad y calidad de estos servicios varían enormemente de un estado a otro e incluso de un distrito escolar a otro. Estaba llena de dudas sobre qué tipo de programas serían los mejores para mi hijo y cómo podía asegurarme de que recibiría las atenciones adecuadas para su desarrollo.

Recuerdo las largas reuniones con los educadores y terapeutas tratando de entender lo que significaba un Plan Educativo Individualizado (IEP, por sus siglas en inglés). Aunque al principio las reuniones parecían abrumadoras, pronto me di cuenta de que tenía que involucrarme a fondo en la elaboración del IEP, hacer preguntas difíciles y asegurarme de que cada objetivo estuviera alineado con las necesidades de mi hijo. A veces, sentía que el lenguaje de las reuniones estaba diseñado para hacer todo más difícil, pero me di cuenta de que no podía dejarme intimidar. La educación de mi hijo dependía de mi capacidad para abogar por él.

En paralelo, el sistema médico también me presentó varios retos. Desde encontrar terapeutas que entendieran las necesidades específicas de mi hijo hasta coordinar los diferentes servicios que él necesitaba, a menudo sentía que tenía que luchar para que se le brindara el apoyo que merecía.

La información que recibía de los médicos a veces era contradictoria y cada recomendación parecía ser un "tratamiento de moda" que cambiaba constantemente. Tenía que ser diligente, investigar cada opción y, sobre todo, confiar en mi instinto materno. Me di cuenta de que, aunque los médicos y terapeutas tienen el conocimiento, yo era la experta en mi hijo.

Fue entonces cuando empecé a buscar recursos más allá de los que el sistema local me ofrecía. Me uní a grupos de apoyo, tanto en línea como presenciales, donde otras madres compartían sus experiencias y consejos sobre cómo atravesar el laberinto. También encontré ayuda en organizaciones que ofrecían formación y materiales educativos sobre cómo abogar por los derechos de los niños con autismo. A través de estas conexiones, aprendí que no estaba sola y que, aunque el sistema fuera complicado, había alternativas para obtener el mejor apoyo que requería Ethan.

Uno de los recursos más útiles que encontré fue la formación en leyes y derechos para estudiantes con autismo. Esto me permitió comprender que mi hijo tenía derecho a una educación pública adecuada y que, como madre, podía ser una defensora activa de ese proceso. No se trataba sólo de aceptar lo que me ofrecían, sino de luchar por lo mejor para él, basándome en sus fortalezas y necesidades individuales.

A medida que avanzaba en el proceso, me di cuenta de que el sistema, aunque imperfecto, estaba diseñado para brindar apoyo, pero requería de una voz que lo impulsara hacia adelante. Me convertí en esa voz para mi hijo y, aunque la tarea era agotadora, también era gratificante. Sabía que, si seguía luchando por él, eventualmente encontraríamos el rumbo adecuado.

A lo largo de este proceso aprendí que las claves para recorrer el sistema son la perseverancia y el conocimiento. El sistema educativo y médico puede ser confuso y desafiante, pero con la información correcta y una actitud persistente, es posible encontrar las herramientas y los recursos necesarios para brindarles a nuestros hijos el apoyo que se merecen. Y aunque el proceso no siempre es simple, me dio un sentido profundo de empoderamiento saber que tenía la capacidad de abogar por mi hijo y cambiar las circunstancias a su favor.

Ok, sé que en este punto estás probablemente un poco mareada. Después de todo, ya tenemos suficiente con lo que implica ser mamá de un niño con autismo sin tener que aprender a atravesar el sistema educativo y médico, ¿verdad? Pero, respira, porque no estás sola y no es tan complicado como parece. Vamos a desglosarlo, paso a paso, como si estuviéramos tomando un café juntas, ¿te parece?

¡El temido IEP!

Lo primero que tienes que saber es que el IEP no es tan aterrador como suena. Es básicamente un plan que ayuda a tu hijo a tener acceso a una educación adecuada a sus necesidades. Y lo bueno es que es tu derecho, así que no tengas miedo de reclamarlo. Aquí va el camino fácil para conseguirlo:

- Paso 1: si tu hijo tiene un diagnóstico de autismo, la escuela debería ofrecerte una evaluación gratuita. Si no te la ofrecen, ¡pide una! Simplemente di: "Quisiera una evaluación para mi hijo porque creo que podría necesitar apoyo especial". Las escuelas están obligadas a evaluarlo.

- Paso 2: Una vez que lo evalúen, van a crear el IEP. Este documento va a especificar todo lo que tu hijo necesita para aprender, desde el apoyo de un asistente y terapia de lenguaje hasta adaptaciones en el aula. Aquí es donde tu voz es súper importante. Si algo no te convence, pregunta, discute, ¡no dejes que te den la respuesta de siempre! Tienes derecho a que el plan refleje las necesidades reales de tu hijo.

- Paso 3: ¡la reunión! Aquí participa todo el equipo de la escuela, maestros, terapeutas, psicólogos y tú. Prepárate para hablar de lo que tu hijo necesita y cómo la escuela puede apoyarlo. Es parecida a una reunión de trabajo, pero con mucha más emoción y, a veces, ¡un poquito de estrés!

Si te sientes perdida en cualquier momento, no dudes en buscar un abogado de educación especial o un consultor de IEP que te ayude a interpretar todo ese "lenguaje técnico". Y si las cosas no salen como esperas, ¡siempre puedes pedir una segunda opinión!

Terapias para niños con autismo

¡Ahora, a lo divertido! Cuando se trata de terapia, hay un montón de opciones, pero no te asustes. Te voy a contar cómo obtener todo lo que tu hijo necesita y, además, usando el seguro médico (sí, eso es posible).

Existen varias terapias que pueden ayudarlo en diferentes áreas, como la comunicación, las habilidades motoras y la independencia en la vida diaria. A continuación, te explico cada una de ellas y sus beneficios:

- **El ABA y su importancia para los niños en el espectro autista**

El Análisis Conductual Aplicado (ABA) es una de las terapias más eficaces y ampliamente utilizadas para tratar a niños con autismo. Se basa en principios de la psicología conductual para enseñar habilidades nuevas y mejorar comportamientos, enfocándose en reforzar positivamente los deseados mientras se minimizan los no deseados.

El objetivo del ABA es mejorar las habilidades de comunicación, la interacción social y la autonomía de los niños. A través de un enfoque estructurado y repetitivo puede ayudarlos a aprender conductas importantes para su desarrollo, tales como:

1. Habilidades de comunicación: ayudar a los niños a usar el lenguaje de forma más efectiva, ya sea verbalmente o mediante otros métodos, como el lenguaje de señas o dispositivos de comunicación.

2. Habilidades sociales: enseñar a los niños a reconocer y responder adecuadamente en situaciones sociales, como hacer contacto visual, tomar turnos en una conversación o entender las emociones de los demás.

3. Desarrollo de habilidades motoras y cognitivas: mejorar el control motor y las habilidades cognitivas, como seguir instrucciones, reconocer colores, números y formas, entre otras.

4. Reducción de conductas desafiantes: el ABA también es útil para reducir comportamientos problemáticos, como berrinches, agresión o conductas repetitivas a través de la enseñanza de maneras alternativas más apropiadas.

Lo que hace único al ABA es su enfoque individualizado: los terapeutas trabajan con base en las necesidades específicas de cada niño creando un plan de tratamiento que se adapta a su ritmo y estilo de aprendizaje.

Cómo conseguir la terapia ABA para tu hijo

Si ya tienes un diagnóstico de autismo para tu hijo, el primer paso es hablar con tu pediatra o el especialista que atienda el caso. El pediatra puede recomendarte terapeutas especializados en ABA o centros que ofrezcan este servicio. Muchas veces, contar con esta recomendación es suficiente para que tu seguro de salud cubra la terapia.

Es importante que si tu pediatra no menciona ABA en la consulta no dudes en pedir que te lo recomienden. A veces, ellos no ofrecen de inmediato esta información o no están al tanto de los recursos más recientes. Un pequeño empujón puede ser todo lo que necesitas para asegurarte de que tu hijo reciba el tratamiento adecuado.

Qué hacer si el seguro no cubre ABA

Es común que algunos seguros de salud en los Estados Unidos no incluyan específicamente las terapias ABA debido a las políticas de cobertura. Pero no te preocupes, hay alternativas. Muchos estados cuentan con programas de Medicaid (seguro médico público que ayuda a cubrir los gastos de atención de personas con bajos ingresos) o específicos para niños con autismo que ayudan a costear estos servicios.

Puedes investigar cuáles opciones están disponibles en tu estado o distrito, como programas locales o recursos públicos que ofrecen terapia ABA a niños con autismo. Además, algunos estados tienen subsidios o becas que ayudan a financiar las terapias, incluso si tu seguro no cubre completamente el costo.

Consejos prácticos:

1. Habla con tu pediatra o especialista sobre las opciones de ABA disponibles.
2. Si tu seguro no cubre ABA, investiga los programas públicos o estatales que ayuden a financiar la terapia.
3. No dudes en pedir recomendaciones. Si tu pediatra no menciona ABA, pregunta específicamente por esta terapia.
4. Si no estás seguro de por dónde empezar, hay muchas organizaciones de apoyo al autismo que te pueden guiar en el proceso de obtener recursos y tratamientos adecuados.

En resumen, el ABA es una de las terapias más recomendadas para niños con autismo porque mejora considerablemente su calidad de vida al enseñarles habilidades esenciales para la comunicación, las relaciones sociales y la vida diaria. Es un tratamiento altamente efectivo que, con el apoyo adecuado, puede marcar la diferencia en el desarrollo de tu hijo.

- Terapia ocupacional

La terapia ocupacional (OT, por sus siglas en inglés) se enfoca en ayudar a los niños a mejorar sus habilidades de la vida diaria y alcanzar una mayor independencia. Esto incluye actividades básicas como vestirse, alimentarse y manejar la higiene personal, pero también se extiende a habilidades más complejas, como el uso de herramientas y la integración sensorial.

Los niños con autismo pueden tener dificultades con el procesamiento sensorial, lo que significa que pueden ser muy sensibles a ciertos estímulos, como luces brillantes, ruidos fuertes o texturas de los alimentos o ropa. La OT les ayuda a manejar estas sensibilidades y a mejorar su capacidad para participar en actividades cotidianas. Además, trabaja en el desarrollo de habilidades motoras finas, como agarrar lápices o usar utensilios, lo cual es esencial para su desarrollo académico y social.

Beneficios de la terapia ocupacional

- Desarrolla habilidades de autocuidado (vestirse, comer, higiene).
- Mejora la coordinación motora fina (escribir, dibujar, recortar).
- Ayuda a manejar la sensibilidad sensorial (sonidos, texturas, luces).
- Fomenta la independencia en las actividades diarias.

- <u>Terapia del habla (speech therapy)</u>

La terapia del habla se enfoca en mejorar las habilidades de comunicación de los niños, tanto en el lenguaje verbal como en el no verbal. En niños con autismo, esta terapia no solo consiste en aprender a hablar, sino también en comprender y expresarse de manera efectiva. Es común que los niños con autismo tengan dificultades con el lenguaje expresivo (cómo dicen las cosas) y el lenguaje receptivo (cómo comprenden lo que otros dicen).

Este tipo de terapia también puede ayudar en la comunicación emocional, que es clave para que los niños con autismo expresen sus sentimientos y necesidades de manera adecuada, lo que incluye mejorar el lenguaje verbal, pero también la comunicación no verbal, como los gestos, el contacto visual y el uso de dispositivos de comunicación.

Beneficios de la terapia del habla

- Mejora las habilidades verbales (pronunciación, vocabulario, frases).
- Enseña comunicación no verbal (gestos, contacto visual).
- Trabaja la comprensión del lenguaje (seguir instrucciones, entender preguntas).
- Ayuda a la comunicación emocional (expresar sentimientos, necesidades, frustraciones).

- Terapia física (physical therapy)

La terapia física o fisioterapia se centra en el desarrollo de las habilidades motoras gruesas y la coordinación física. Muchos niños con autismo tienen dificultades con el control de sus movimientos, lo que puede afectar su capacidad para correr, saltar, montar en bicicleta o realizar otras actividades físicas. Además, ayuda a mejorar la fuerza muscular, la coordinación y el equilibrio.

La fisioterapia también puede ser fundamental si tu hijo tiene dificultades de motricidad o si muestra movimientos repetitivos, como balancearse o caminar en puntillas. Los fisioterapeutas trabajan para ayudar a que el niño logre una mayor movilidad y coordinación, lo que también tiene un impacto positivo en su bienestar emocional, ya que sentirse cómodo en su cuerpo aumenta su confianza y autoestima.

Beneficios de la terapia física

- Mejora la coordinación motora gruesa (caminar, correr, saltar).
- Ayuda a aumentar la fuerza muscular y el equilibrio.
- Trabaja en los movimientos repetitivos (balanceo, caminar de puntillas).
- Facilita una mayor autonomía en actividades físicas diarias (jugar, bailar).

- Equinoterapia (equino therapy): la magia de conectar con los caballos

La equinoterapia (equino therapy) es una forma de terapia asistida por animales, específicamente caballos, que se utiliza para trabajar en una variedad de habilidades físicas, emocionales y sociales. ¿Por qué los caballos? Estos animales tienen una presencia tranquilizadora y una energía que suele ser profundamente curativa. En el caso de los niños con autismo, interactuar con los caballos puede ofrecerles una conexión emocional única que ayuda en varias áreas de su desarrollo.

Beneficios de la equinoterapia en niños con autismo:

- Mejora de las habilidades sociales: la interacción con los caballos puede ayudar a los niños a mejorar su capacidad para compartir y trabajar en equipo.

Durante las sesiones, los niños a menudo tienen que comunicarse y colaborar con sus terapeutas y otros niños, lo que representa un reto para ellos en otros contextos. El trabajo con caballos fomenta la paciencia, el respeto y el cuidado, habilidades que se trasladan fácilmente a su vida social.

- Desarrollo emocional: los caballos responden de manera directa a las emociones del niño. Si está calmado y centrado, el animal generalmente responderá de forma tranquila. Sin embargo, si el niño está agitado o nervioso, el caballo puede mostrar signos de incomodidad o inquietud. Esta retroalimentación emocional ayuda a los niños a reconocer y regular sus propios sentimientos, lo que es especialmente útil para aquellos con autismo, que a menudo tienen dificultades para comprender y expresar sus emociones.

- Mejora las habilidades motoras: montar a caballo y trabajar con ellos también puede ser una forma excelente de mejorar las habilidades motoras gruesas. Ayuda a los niños a desarrollar una mejor coordinación y equilibrio, ya que el movimiento del animal y la necesidad de mantener su control son ejercicios físicos que mejoran el tono muscular y la fuerza.

- Reducción de la ansiedad y el estrés: el simple acto de estar en la naturaleza y rodeado de animales puede reducir los niveles de ansiedad y el estrés. Los niños con autismo a menudo enfrentan altos niveles de estrés debido a la sobrecarga sensorial o las dificultades sociales, y estar en un entorno natural con caballos suele tener un efecto calmante y reconfortante.

Cómo encontrar la equinoterapia y lograr que el seguro la cubra

Si piensas que la equinoterapia es una buena opción para tu hijo, lo primero es buscar un terapeuta certificado en tu área. Es importante que el profesional que dirija la terapia esté certificado para garantizar que siga las prácticas adecuadas y seguras para los niños. Muchas asociaciones y organizaciones especializadas ofrecen esta terapia asistida por animales en los Estados Unidos, por lo que puedes comenzar tu búsqueda en línea o preguntando a otros padres que hayan tenido experiencias positivas.

Muchos se preguntarán si el seguro de salud cubre esta terapia. La respuesta es sí, en algunos casos, si el médico o terapeuta la recomienda como parte del plan de tratamiento. El primer paso es hablar con el pediatra o el terapeuta de tu hijo y pedirles que incluyan esta opción en el plan. A veces, con la documentación adecuada y la recomendación médica, las aseguradoras están dispuestas a cubrirla, aunque dependerá del estado y la compañía.

Si el seguro no cubre la terapia con caballos, aún existen otras opciones. Algunas fundaciones u organizaciones sin fines de lucro ofrecen programas con tarifas reducidas o incluso becas para ayudar a cubrir los costos. También puedes investigar si existen programas locales que ofrezcan terapia asistida por animales como parte de su enfoque integral en el tratamiento del autismo.

Cómo obtener estas terapias

Lo primero que debes hacer es hablar con tu pediatra. Es el primer punto de contacto para referir a tu hijo a terapeutas especializados en cualquiera de estas áreas (ocupacional, del habla y física). Si ya tienes el diagnóstico de autismo, puede guiarte en el proceso de conseguir estas terapias.

¿Qué pasa con el seguro? Muchas veces, el seguro de salud cubre la mayoría de estos servicios, ya que son parte de los tratamientos estándar para niños con autismo. Si no estás segura de qué compañía cubre la terapia, llama. Los representantes están ahí para ayudarte a comprender qué servicios están incluidos y cómo puedes acceder a ellos. No dudes en preguntar por todos los detalles, como el número de sesiones cubiertas o si necesitas una autorización previa para comenzar.

CAPÍTULO 3

Construyendo una red de apoyo

¿Sabías que no tienes que hacerlo todo sola? Yo lo creí durante un tiempo. "Tengo que ser fuerte, tengo que ser la mejor mamá para mi hijo", pensaba, pero, por dentro, me sentía completamente desbordada. Déjame decirte algo, tú tampoco tienes que asumirlo por completo. Hay un mundo de apoyo esperando por ti.

El autismo, como sabes, no es un camino fácil, pero tener una red de apoyo te puede ayudar a hacer la travesía mucho más llevadera. En un principio, pensaba que solo contaba con mi familia y mi esposo, pero pronto me di cuenta de que hay muchas más personas y recursos a mi disposición. ¡Y te los quiero comentar!

Qué es una red de apoyo y por qué la necesitas

Una red de apoyo es más que una lista de contactos. Es un grupo de personas y recursos que te brindan ayuda emocional, información práctica y, lo más importante, un espacio donde te sientes acompañada. No se trata nada más de familiares y amigos, sino de otras madres, profesionales y organizaciones que pueden orientarte y acompañarte en este proceso.

Imagínate tener un lugar para compartir tus miedos y frustraciones sin sentirte juzgada o contar con expertos que te guíen en cada paso del proceso, desde obtener el diagnóstico hasta buscar terapias. Eso es lo que hace una buena red de apoyo: te da las herramientas necesarias para enfrentar cada reto, por pequeño que sea.

Algunas ideas para el punto de partida

1. Grupos de apoyo para mamás

Probablemente ya te has dado cuenta de que las madres que pasan por tu misma situación son tus aliadas más fuertes. ¿Por qué? Porque ellas te entienden de verdad. Existen miles de grupos en Facebook, foros en línea y comunidades locales donde puedes conectarte con otras mamás que comparten tu experiencia. Hay algo realmente sanador en saber que no estás sola.

Algunos de estos grupos en Estados Unidos son:
- Autism Speaks Family Services: es un lugar donde puedes encontrar apoyo emocional, información sobre programas y recursos, y conectarte con otras familias. Autism Speaks - Family Services
- The Autism Community in Action (TACA): es una organización con una gran cantidad de recursos educativos y ofrece grupos de apoyo. Son conocidos por su enfoque en la comunidad y la colaboración. TACA
- National Autistic Society (NAS): aunque originaria del Reino Unido, también ofrece información y apoyo a familias de otros países, incluidos los Estados Unidos. National Autistic Society

2. Conectar con profesionales

Además de las mamás, los profesionales son clave. Terapistas, psicólogos, médicos y especialistas en ABA pueden proporcionarte el conocimiento y la dirección que necesitas para avanzar. Al principio, no sabía por dónde empezar, pero fui aprendiendo a identificar quiénes eran los mejores para ayudarnos, tanto a mi hijo como a mí.

Dónde encontrar profesionales en la materia

- Autism Speaks Resource Guide: este recurso ofrece una base de datos enorme de servicios, desde terapias hasta opciones educativas. Autism Speaks Resource Guide
- The Center for Autism and Related Disorders (CARD): es una de las organizaciones más grandes de los Estados Unidos, con centros en todo el territorio. Proporciona terapias especializadas para niños con autismo.

3. Organizaciones nacionales y locales

Existen muchas organizaciones locales y nacionales que te brindan desde orientación legal hasta programas específicos para tu hijo. Muchas veces, esas pequeñas ayudas marcan una gran diferencia y son la clave para saber a quién recurrir.

Algunas organizaciones que ofrecen ayuda en los Estados Unidos:

- Autism Society of America: con grupos locales en todo el país, ofrece eventos, recursos educativos y oportunidades para conectarte con otras familias.
- The Arc: además de su enfoque en el autismo, The Arc también ofrece apoyo a familias que tienen niños con discapacidades del desarrollo y brinda acceso a recursos y advocacy (abogacía).
- The National Parent Technical Assistance Center: este centro se especializa en proporcionar apoyo a padres de niños con discapacidades, incluyendo el autismo, para que puedan investigar en el sistema educativo y obtener los servicios necesarios.

4. Recursos educativos y legales

Aquí va un dato que muchas mamás no saben: tienes derecho a la educación especializada para tu hijo y muchas veces necesitas ayuda para asegurarte de que todo se cumpla. Organizaciones como estas pueden ofrecerte apoyo.

- Disability Rights Education and Defense Fund (DREDF): te ofrece ayuda legal y defensa si tienes dudas sobre los derechos de tu hijo.
- Parent Training and Information Centers (PTIS): son centros locales que brindan recursos a padres para ayudarlos a recorrer el sistema educativo y acceder a los apoyos adecuados.

Tuve la fortuna de conocer a profesionales excepcionales, como Mara y Yeni, quienes tuvieron un impacto profundo y positivo en el desarrollo de mis hijos. Mara, como técnica de comportamiento registrada (RBT) de Nathan, marcó una diferencia notable en su evolución. Aunque Nathan es neurotípico, presentaba un retraso en el habla y replicaba ciertos comportamientos de su hermano Ethan, lo cual me generaba preocupación. No sabía si esta imitación era simplemente un reflejo de su entorno o si había un aspecto adicional que requería atención. Fue en ese momento cuando decidí que él también necesitaba el acompañamiento de una RBT para asegurarnos de que recibiera el apoyo que ameritaba su desarrollo. Mara se dedicó a trabajar de manera personalizada utilizando estrategias que respondieron a las necesidades particulares de Nathan, lo que le permitió avanzar y, lo más importante, encontrar su propia voz.

En tanto, Yeni, como RBT de Ethan, desempeñó un papel crucial en sus avances más significativos. Desde el inicio de las terapias observé cómo Yeni se dedicaba a trabajar con él con una paciencia y compromiso admirable. Su enfoque no solo abarcaba el desarrollo de nuevas habilidades y estrategias de comunicación, sino que también se centraba en aspectos emocionales y sociales, apoyando a Ethan en su crecimiento integral. Gracias a su intervención, mi hijo experimentó progresos que, en ocasiones, superaron nuestras expectativas, especialmente en áreas como la regulación emocional y la claridad en su expresión.

Lo ciertamente destacable fue el trabajo conjunto de Mara y Yeni, que no solo benefició a mis hijos de manera individual, sino que también contribuyó a una mejor comprensión entre ellos como hermanos. A pesar de que sus necesidades eran diferentes, ellas colaboraron eficazmente para proporcionarles a ambos las herramientas necesarias para su desarrollo, permitiendo que cada uno creciera a su propio ritmo. A través de las terapias con Mara, Nathan comenzó a mejorar su comunicación, mientras que Ethan recibió el apoyo emocional y social necesario para fortalecer sus interacciones, gracias al enfoque de Yeni.

Quiero aprovechar para dar un consejo muy importante a toda madre que esté pasando por este proceso: asegúrate de buscar una agencia o profesionales con los que te sientas tranquila y confiada, y donde las terapeutas tengan una verdadera conexión con tu hijo o hija. Es fundamental que estas personas sean competentes, pero también empáticas y comprometidas con su desarrollo. En mi caso, la analista de conducta certificada (BCBA) Gissele fue una pieza clave para mis hijos. Se encargó de diseñar programas de terapia realistas y efectivos, pero, además, siempre abogó por lo mejor para ellos. Se aseguraba de que cada plan fuera adecuado a sus necesidades y, lo principal, de que diera resultados. Su dedicación y enfoque hicieron una gran diferencia.

Uno de los aspectos más importantes de este proceso fue contar con el compromiso y la dedicación de Mara, Yeni y Gissele. Su trabajo con mis hijos fue esencial, pues les brindaron su profesionalismo, y también un profundo cuidado y afecto. Como madre, saber que mis hijos estaban en manos tan calificadas me brindó una gran tranquilidad. Proporcionaron las herramientas requeridas para apoyar su desarrollo y además fueron un sostén primordial en el aspecto emocional.

Mara y Yeni se convirtieron en un apoyo indispensable. En los momentos de incertidumbre, sus palabras y su presencia me ofrecían la confianza y serenidad necesaria para seguir adelante.

Gracias a su acompañamiento, aprendí que, aunque los desafíos eran considerables, el compromiso y el amor con los que enfrentábamos cada situación eran igualmente relevantes.

A través de las redes de terapia y bienestar obtuvimos los recursos adecuados para ayudar a Ethan y Nathan, pero también encontré una comunidad de profesionales dispuestos a ofrecer apoyo emocional en los momentos más difíciles.

Este proceso me enseñó la importancia de no enfrentar los retos en solitario y de buscar una red de apoyo que permita compartir tanto los miedos como las alegrías y que, sobre todo, te brinde la fuerza para continuar. Mara, Yeni y Gissele fueron piezas clave en esa red y por eso siempre les estaré profundamente agradecida. Encontrar personas que te comprendan y respalden puede marcar una diferencia crucial en el recorrido de ser madre de un niño con autismo.

CAPÍTULO 4

Alimentación: la base del desarrollo

Comenzaré con una aclaración importante: no soy nutricionista, pero a lo largo de estos años he aprendido muchísimo sobre la alimentación de mis hijos, tanto del que tiene autismo como del neurotípico y, como mamá, te puedo decir que la comida juega un papel mucho más fundamental de lo que a veces pensamos. He hecho varias pruebas, aprendido de los errores y percibido algunos cambios que han hecho una diferencia en cómo se sienten, cómo reaccionan y, en muchos casos, hasta en cómo interactúan con su entorno.

De vez en cuando, me pregunto cuántas veces se nos olvida el poder que tiene la alimentación en el bienestar de nuestros hijos. En sus primeros años de vida, yo no le prestaba la suficiente atención a este tema. Claro, siempre trataba de que comieran bien, pero cuando una está inmersa en tantas otras tareas, en ocasiones los detalles de la nutrición se pierden un poco en ese caos del día a día.

Sin embargo, llegó un punto en el que empecé a notar que las cosas no funcionaban como esperaba. Y no me refiero solo a lo físico, sino también al comportamiento. Mi hijo con autismo, como muchos otros, tiene un sistema digestivo sensible y me di cuenta de que ciertos alimentos parecían desencadenar determinados comportamientos. Al principio, pensaba que era coincidencia, pero con el tiempo me percaté de que la comida influye muchísimo más de lo que imaginamos.

La conexión entre lo que comemos y cómo nos sentimos

A lo largo de este proceso encontré algo que me sorprendió: el intestino y el cerebro están más conectados de lo que yo pensaba. Los expertos lo llaman el "eje intestino-cerebro" y, básicamente, significa que lo que pasa en el intestino puede influir directamente en el cerebro. Y sí, esto incluye el comportamiento y el desarrollo.

Al principio, ni siquiera sabía por dónde empezar. Como mamá, me sentía un poco perdida con tanta información sobre dietas y suplementos. ¿Gluten? ¿Lácteos? ¿Probióticos? ¿Qué era todo eso? Pero empecé a investigar, probé cosas y descubrí que algunos cambios en la alimentación sí podrían ayudar a mi hijo a sentirse mejor.

Una de las primeras medidas que adopté fue reducir el azúcar. Ahora sé que suena como una recomendación común, pero, en ese entonces, aún no tenía idea de cuánto impacto tenía el azúcar en la conducta de mi hijo. Después de un par de semanas de hacer ajustes y eliminar los azúcares procesados (no por completo, ¡porque sería una utopía! pero sí los reduje bastante), comencé a notar que su comportamiento se calmaba un poco. También empezó a dormir mejor. ¡Sí, el sueño! Es un tema que se vuelve crucial cuando tienes un niño que una que otra vez no quiere dormir.

Otro cambio que hice fue incorporar más alimentos con probióticos. Al principio, me sentía un poco desconcertada. ¿Por qué algunos son útiles, como el yogur natural?, me preguntaba. Luego aprendí que estos alimentos ayudan a mantener balanceadas las bacterias buenas en el intestino, lo que, a su vez, puede ayudar con el comportamiento y hasta con la digestión.

A propósito de la digestión, también comencé a incluir más fibra en la dieta de Ethan, pues es clave para que el sistema digestivo funcione de manera saludable, algo en lo que no pensamos mucho. La incorporé poco a poco con frutas y vegetales. Empecé con pequeños ajustes que me dieron a entender que íbamos en la dirección correcta.

Sin presión, pero con propósito

Lo bueno del tema de la alimentación es que no se necesitan cambios drásticos de la noche a la mañana. Al principio, con los múltiples detalles de mi diario vivir, me sentí un poco abrumada. Pero, al final, entendí que la clave está en hacerlo a nuestro ritmo y con lo que se ajuste a cada familia. No soy nutricionista, pero sí soy mamá y con el tiempo entendí cómo ciertos alimentos podían hacer la diferencia en el bienestar de mis hijos, y que lo que funciona para uno puede no tener el mismo efecto en el otro.

La paciencia me ayudó muchísimo, pues los resultados no se perciben de inmediato y eso es correcto. Cada pequeño paso cuenta, así que el cambio puede notarse con un detalle sencillo. Por ejemplo, un día mi hijo comió un brócoli sin que nadie se lo pidiera. Otro día puede ser algo más relevante, por ejemplo, un día logré que se durmiera a la hora adecuada. Esos logros se acumulan. Con el tiempo me di cuenta de que estábamos construyendo una base sólida, no solo para su salud, sino para su felicidad.

La microbiota y el intestino permeable en niños con autismo

Como he explicado, el cerebro y el intestino están más conectados de lo que imaginas. No solo se trata de lo que come tu hijo, sino de cómo su cuerpo procesa y responde a los alimentos. La salud intestinal juega un papel esencial en el bienestar general, ¡y ni hablar de su impacto en el comportamiento y desarrollo de los niños con autismo!

La microbiota intestinal (flora intestinal), ese ecosistema de bacterias y microorganismos que habita en el intestino, puede influir de manera considerable en el autismo. Investigaciones recientes sugieren que es posible que los niños con autismo tengan desequilibrios en su microbiota intestinal, lo que estaría relacionado con varios síntomas, como dificultades en el comportamiento, problemas digestivos e incluso trastornos del sueño.

Conozcamos la microbiota intestinal

La microbiota intestinal es un conjunto de billones de bacterias, virus, hongos y otros microorganismos que viven en el intestino y juegan un papel clave en la digestión, la absorción de nutrientes y la regulación del sistema inmune, pero también tiene un impacto en el cerebro. Como he expresado, los científicos han comenzado a comprender la relación entre el intestino y el cerebro a través del llamado "eje intestino-cerebro", que conecta los sistemas digestivo y nervioso central. Es decir que la salud intestinal puede influir en cómo pensamos, sentimos e cómo incluso actuamos.

En los niños con autismo, muchas veces se encuentran alteraciones en la microbiota intestinal. Por ejemplo, es posible que presentan una sobreabundancia de ciertas bacterias que no deberían estar allí o una carencia de aquellas que son beneficiosas. Esto puede generar inflamación en el cuerpo y reflejarse en el cerebro, afectando aspectos como el comportamiento, la concentración y la comunicación.

El intestino permeable: un concepto clave

Ahora, hablemos del llamado "intestino permeable" (también conocido como leaky gut). Cuando el revestimiento del intestino se ve comprometido, es posible que pequeñas partículas de alimentos, toxinas y bacterias atraviesen su pared y entren al torrente sanguíneo, lo que genera inflamación crónica. Esta es particularmente relevante en el autismo, porque puede afectar directamente al cerebro, contribuyendo a los síntomas como la ansiedad, los trastornos del sueño y las dificultades en la comunicación.

Si tu hijo tiene intestino permeable podría experimentar más que solo molestias digestivas. Es posible que la inflamación en el cuerpo influya en su comportamiento y bienestar general. Incluso, hay estudios que sugieren que mejorar la salud intestinal podría aliviar algunos síntomas del autismo.

Cómo saber si tu hijo tiene desequilibrio en la microbiota o intestino permeable

Es importante reconocer los signos para buscar ayuda, si es necesario. Algunos de los síntomas comunes de desequilibrio en la microbiota o intestino permeable incluyen:

- Problemas digestivos: estreñimiento, diarrea, gases o dolor abdominal frecuentes.
- Reacciones a ciertos alimentos: alergias o intolerancias a alimentos, especialmente al gluten o los lácteos.
- Comportamientos repetitivos: algunos estudios sugieren que el intestino inflamado podría estar relacionado con comportamientos repetitivos o ansiosos en niños con autismo.
- Problemas de sueño: el intestino también influye en la producción de melatonina, una hormona clave para el sueño.
- Problemas de piel: erupciones cutáneas o eczemas que pueden ser signos de inflamación interna.

Si notas alguno de estos síntomas en tu hijo, es una buena idea consultar a un pediatra o gastroenterólogo especializado en autismo que recomiende pruebas de microbiota intestinal o evaluar el estado de su intestino.

Cómo mejorar el microbiota intestinal y combatir el intestino permeable

La buena noticia es que hay formas naturales y efectivas de mejorar la salud intestinal, lo que no solo beneficia la digestión de tu hijo, sino también su comportamiento y bienestar general.

1. Dieta antiinflamatoria

Una de las primeras recomendaciones es ajustar la dieta. Son esenciales los alimentos que promuevan un equilibrio saludable de bacterias intestinales. Esto incluye:

- Probióticos
- Prebióticos
- Eliminar alimentos procesados
- Dieta libre de gluten y lácteos

2. Control de la inflamación

Las hierbas antiinflamatorias, como el jengibre, la cúrcuma y el aceite de coco pueden ayudar a reducir la inflamación en el intestino. Se consumen añadidas a la dieta o tomadas en forma de suplementos, siempre bajo la supervisión de un médico.

Mi reflexión final

Sé que este camino no es fácil. En muchos momentos me sentí perdida en cuanto a las mejores decisiones sobre la alimentación de mis hijos. Pero lo que más me ha enseñado este proceso es que cada niño es diferente y que la clave está en hacer lo mejor posible con lo que tenemos. A veces, las soluciones están más cerca de lo que pensamos, y tomarnos el tiempo para observar, aprender y probar hace la diferencia.

Aunque mi experiencia con relación a la alimentación no ha sido perfecta, creo haber adoptado algunas medidas que han ayudado a mi hijo a sentirse mejor. Tal vez no sean soluciones mágicas, pero me han permitido estar más conectada con él y con su bienestar.

CAPÍTULO 5

Subir la montaña rusa emocional con la fuerza de la fe

Si hay algo que sin dudas caracteriza este viaje es la montaña rusa emocional. Había días en los que todo parecía ir bien, los pequeños avances de Ethan me daban esperanza y sentía que caminaba sobre nubes de felicidad. Pero, de repente, una palabra, una mirada o incluso un simple pensamiento, podían hacerme caer al suelo. Y todo eso... ¡en un solo día!

El diagnóstico de Ethan me causó una mezcla de emociones que, honestamente, a veces no sabía cómo manejar. Sentía que su futuro estaba lleno de incertidumbres, pero también era consciente de que tenía que enfrentar la realidad. Y en medio de todo eso, estaba mi bebé recién nacido, Nathan, que tenía sus propias necesidades. Así que me encontré dividiéndome en dos: una mamá para Ethan, quien necesitaba tanta atención, terapia y apoyo, y otra para Nathan, que estaba creciendo y comenzando su propio viaje en la vida.

Era como si cada día tuviera que ponerme un sombrero nuevo, el de la terapeuta, la enfermera, la ama de casa, la mamá, la esposa, la amiga, ¡y hasta el sombrero de la empresaria!

¿Cómo era capaz de desempeñar tantas funciones al mismo tiempo? Bueno, la respuesta es simple: no siempre se puede, y es ahí donde el amor y la fe en Dios juegan un papel crucial.

El apoyo incondicional de Diego fue primordial en todo este recorrido. Mi esposo no solo estuvo a mi lado en los días buenos, sino que también fue mi roca en los difíciles. Juntos compartimos el peso de cada decisión, cada terapia, cada frustración y cada pequeño avance de Ethan. Si algo aprendí es que una madre no se puede hacer todo sola, como ya he dicho. Diego es mi compañero, mi apoyo, y su amor constante me fortalece para seguir adelante. ¡Eres lo máximo, Peke!

Pero no fue solo Diego quien estuvo a nuestro lado. La familia fue una pieza clave en el proceso. Las abuelas de Ethan y Nathan, Abu y Nana, jugaron un papel indispensable en su desarrollo. Ellas nos brindaron amor, comprensión y apoyo, tanto para Ethan como para Nathan, quien necesitaba esa conexión y esa estabilidad emocional. Nana, con su estilo old school, tenía una manera única de cuidar a los niños. Sus canciones de cuna, su enfoque en los cuidados naturales y la comida casera hicieron que Ethan, mejor conocido como Kiki, y Nathan, crecieran en un hogar lleno de amor y cuidados. Cada comida era una muestra de cariño, llena de ingredientes frescos y preparaciones hechas con todo el corazón. Sus mimos, sus abrazos cálidos y sus consejos sabios siempre estuvieron presentes, enseñándonos a todos la importancia de la calma y la sencillez en la vida diaria.

Por otro lado, Abu, la abuela moderna y dedicada, siempre estaba en busca de lo mejor para el desarrollo de los niños. No había juguete sensorial, libro o actividad educativa que se le escapara. Su incansable amor y dedicación desde que nacieron hizo que nunca les faltara nada. Las tardes con Abu eran una fiesta de risas, juegos y momentos de aprendizaje. Mientras Nana preparaba su plato favorito, Abu llevaba a Ethan y Nathan a explorar nuevos horizontes, ya fuera con un juego o en sus tardes de baño. Los abrazos de las abuelas, sus consejos y sus sonrisas siempre estuvieron ahí, y eso fue vital para que nuestros hijos crecieran rodeados de una red de amor y aceptación.

El amor que mis hijos recibieron y la aceptación de la familia me fortalecían en medio de este barco que, poco a poco, empezaba a tomar rumbo. Aunque la travesía no fue fácil, nunca nos sentimos solos. La familia fue ese faro que nos ayudó a mantener la fe, a no perder la esperanza y a recordar que no viajábamos solos.

La montaña rusa emocional no solo era el vaivén de mis emociones como mamá de un niño con autismo, sino también de otro neurotípico que tenía que ser igualmente atendido.

Al principio, tuve que convivir con la tristeza. No te voy a mentir, había noches en las que sentía que me hundía en el mar de interrogantes sin respuestas, preguntándome por qué mi hijo no alcanzaba los mismos hitos que otros niños. En medio de esos días de incertidumbre, mi fe comenzó a ser mi refugio.

Aunque difícil de manejar, la tristeza no fue el fin, sino el comienzo de un proceso largo. En esos momentos fue cuando más me aferré a la fe. No entendía completamente lo que estaba pasando y había ocasiones en las que la nube de desconsuelo me rodeaba, haciéndome sentir perdida. Pero fue en esos días oscuros cuando Dios me mostró que no estaba sola. Él me había dotado de las herramientas que necesitaba para enfrentar este reto, incluso si aún no veía el propósito. Mi fe fue mi faro, el que me guiaba por la ruta incierta.

"El duelo de la vida que imaginé"

La tristeza también trajo consigo lo que llamo "el duelo de la vida que imaginé". Mi corazón, como madre, tenía una visión de lo que sería la vida de Ethan: amigos, la escuela, juegos de fútbol, celebraciones de cumpleaños... Pero esa visión poco a poco comenzó a desvanecerse. De alguna manera, tenía que aceptar que el futuro de Ethan no iba a ser como lo había soñado, al menos no de la manera en que yo lo había visualizado.

Fue entonces cuando mi fe me ayudó a ver las cosas desde una perspectiva diferente. Me di cuenta de que no se trataba de entender y controlar todo, sino de entregarme a la voluntad de Dios. Con cada paso incierto, con cada desafío, me percaté de que había algo más grande que el simple hecho de comprender.

Lo más hermoso fue que cuando dejé de intentar controlarlo todo y empecé a confiar en que había un propósito mayor, vi cómo Dios actuaba. Cada paso que daba, aunque pequeño, se volvía un milagro. Al principio, no lo veía, pero luego, los avances de Ethan empezaron a notarse y me di cuenta de que no era yo quien tenía el control, sino que era Dios el que guiaba nuestros pasos.

Momentos de alegría en medio del dolor

En medio de la montaña rusa de emociones, algo muy especial sucedió: los pequeños avances de Ethan se convirtieron en momentos de pura alegría. Uno de ellos fue cuando, después de meses sin decir nada, un día me miró, sonrió y pronunció su primera oración de tres palabras de una manera tan clara que, en ese instante, todo el dolor y la ansiedad que había sentido desaparecieron. Esa corta oración fue un milagro ante mis ojos, porque supe que era Dios obrando, aunque a Su propio tiempo y manera.

Había ocasiones en las que la desesperación me invadía, pero, en el mismo día, un pequeño gesto de Ethan o una palabra de aliento de mi papá me recordaba que todo tenía un propósito. La alegría se alternaba con la incertidumbre, pero en esos altibajos descubrí que, aunque el trayecto fuera dificultoso, Dios me había dado lo necesario para ser la madre que Ethan necesitaba. No tenía que ser perfecta, solo tenía que confiar en Él.

Disfrutando el viaje

A medida que pasaba el tiempo, comencé a ver que, aunque el viaje con Ethan no siguiera el guion que yo había escrito, Dios me estaba enseñando lecciones valiosas. Aprendí que la perfección no está en la ausencia de dificultades, sino en la forma en que nos entregamos al proceso. Aunque el autismo cambió muchas de mis expectativas sobre la vida de mi hijo, entendí que este proceso tenía un propósito mucho mayor de lo que podría imaginar.

La montaña rusa de emociones no se detiene, pero he aprendido a disfrutar, a celebrar cada pequeño paso, a abrazar la incertidumbre y a recibir cada emoción con la misma apertura con la que acojo a mi hijo en cada etapa de su vida. En esos momentos, confiando en Dios, me di cuenta de que Él me sostenía con Su amor incondicional.

Pequeñas victorias frente a grandes desafíos

Hay algo que he aprendido y me ha causado sorpresa, y es la importancia de celebrar las pequeñas victorias. Espero que no me malinterpretes, me refiero a esos logros que parecen casi invisibles para el resto del mundo, pero que, para ti, como mamá, son gigantes.

Recuerdo cuando Ethan pronunció por primera vez la palabra "mamá". ¡Fue como si todo el cielo se abriera ante mis ojos! Y ni te cuento cómo me sentí cuando, después de tantas terapias y repeticiones, finalmente dijo: "Mamá, dame agua, por favor". Entre terapias y los trasnochos por tener a un bebé recién nacido, todo era muy abrumador, pero en ese momento sentí que el agotamiento se disipaba, como si por fin me devolvieran un pedazo de normalidad.

Claro, esos logros no siempre fueron fáciles de obtener, pero descubrí que cada pequeño paso en este trayecto es un gran triunfo.

Al principio, pensé que las victorias solo serían grandes eventos significativos: como cuando Ethan logró hablar o cuando Nathan dio sus primeros pasos. Pero, en realidad, la verdadera magia está en esas pequeñas cosas que parecían insignificantes pero que, cuando las miras desde otro ángulo, tienen un significado profundo.

Y, claro, no puedo olvidar a Nathan, que con su risa contagiosa y su ternura me recordaba todos los días lo importante que es disfrutar de las pequeñas cosas, esas que hacen que nuestra familia sea única. Las veces en que él se detenía a abrazar a Ethan sin que nadie se lo pidiera, ese tipo de gestos, aunque simples, me daban fuerzas para seguir.

La clave está en cómo interpretas esos momentos. La verdad es que, cuando tenemos un niño con autismo, es fácil perderse en los desafíos. La lista de cosas que queremos lograr parece interminable. Y, claro, siempre hay algo que mejorar, aprender o ajustar, pero es importante no perder de vista esas pequeñas victorias, porque son las que verdaderamente construyen el sendero.

Esas conquistas nos permiten celebrar en el trayecto, no solo cuando se llega a la meta. Es como si la vida nos dijera: "Mira todo lo que has logrado", aunque no siempre veas el resultado en el acto. Como mamá, es importante que reconozcas esos avances porque, aunque para algunos puedan parecer insignificantes, para ti son piedras angulares en la vida de tu hijo.

Al final, todas esas pequeñas victorias forman el gran logro que es la vida misma. Cada sonrisa, cada palabra, cada progreso, incluso si no es perfecto, es un paso hacia adelante. Y, aunque el viaje puede ser largo y desafiante, celebrarlo me ha permitido mantener la esperanza, especialmente en los días más difíciles.

Así que, amiga, te invito a que empieces a valorar esas pequeñas victorias, incluso si son tan sencillas como un abrazo, un gesto o una mirada que dice más que mil palabras. Esos son los detalles que marcan la diferencia en este hermoso, pero desafiante camino que recorremos con nuestros hijos.

CAPÍTULO 6

Construyendo un vínculo fuerte de amor incondicional

El amor de una madre por sus hijos es indescriptible, ¿verdad? Pero, cuando tienes un hijo con autismo, este se convierte en algo aún más profundo. Es como si se abriera un universo lleno de nuevas formas de conectar y de entender la creación. Pero aquí está el giro, en mi caso: mi viaje con Ethan no es el único en casa. Es preciso resaltar que además tengo a Nathan, mi hijo menor, quien aporta una energía completamente diferente a la dinámica familiar.

Mi vínculo con cada uno de ellos es único, así que mi relación con Ethan no es igual a la que tengo con Nathan ni debería serlo. No obstante, lejos de ser un obstáculo, eso ha sido una bendición. La diversidad de nuestras experiencias, de cómo nos comunicamos y de cómo entendemos el mundo ha enriquecido profundamente nuestra vida familiar.

El amor de madre: dos realidades, un corazón

Con Ethan, a menudo las palabras no son suficientes. Pero con Nathan, las cosas son más simples, más inmediatas. ¿Sabes lo que quiero decir? Él habla, juega con más facilidad y se conecta con el mundo de las maneras que yo esperaba de todos mis hijos. Pero Ethan, ¡oh!, me ha mostrado otra dimensión del amor, una que no siempre se puede expresar verbalmente, pero que es igual de profunda.

En ocasiones, siento como si estuviera en dos mundos al mismo tiempo. Con Ethan, cada avance es un milagro. Su risa, su mirada, esos momentos de conexión, esos pequeños gestos dicen tanto... También está Nathan, quien hace todo de manera más fluida, más "convencional", pero, de algún modo, he aprendido a no comparar las vidas de mis hijos, porque cada uno de ellos es único y maravilloso en su propia forma.

A veces, mientras observaba a Nathan correr por el jardín, con su risa llena de vida, no podía evitar pensar que, si bien la suya parecía más "sencilla", las lecciones que me traía eran iguales de profundas que las de Ethan. Ambos me enseñan algo nuevo cada día, solo que de maneras muy diferentes. Nathan me da la oportunidad de ver la "normalidad" en todo su esplendor, mientras que Ethan, con su propia forma de ser, me desafía a mirar la vida desde un ángulo completamente distinto.

La fuerza del vínculo: diversidad en la relación

Con Ethan aprendí que el amor no siempre se percibe igual. Mientras otros quizás lo medían por los primeros pasos o las primeras palabras, para mí, esos momentos no llegaban de la misma forma. Pero entonces, me di cuenta de algo hermoso: el vínculo que construimos juntos no dependía de esas etapas convencionales. Era más profundo, más lleno de gestos pequeños, pero significativos. Un toque, una mirada, un rato de calma después de un largo día... Esa conexión, aunque diferente, era igualmente poderosa.

Con Nathan, esa conexión era más directa, más accesible. De alguna manera, me ayudó a mantener el equilibrio. Mientras que con Ethan mi corazón luchaba por encontrar respuestas, con Nathan había menos preguntas. Con él, pude compartir más momentos "tradicionales" entre madre e hijo, esos que todas imaginamos cuando soñamos con serlo.

La familia: un refugio en medio del caos

No puedo dejar de mencionar el papel crucial que mi esposo Diego ha jugado. Él ha sido mi roca. Muchas veces, sentí que me arrastraba, que no podía más y él estuvo allí, con su apoyo incondicional. En ocasiones, con una palabra o con un gesto me recordaba que no estaba sola. En determinadas circunstancias, se trataba de compartir la carga emocional y en otras solo de escucharme. Su apoyo y el de nuestra familia cercana ha sido vital en este viaje compartido.

En medio de tantas dificultades no puedo dejar de pensar en todo lo que mi mamá, "Abu", como todos la llamamos, ha hecho por nosotros. ¿Cómo habría sido este trayecto sin su amor incondicional, su sabiduría y su abrazo constante? Cada día, ella estuvo allí, sin dudarlo, al pie del cañón, siempre a mi lado. Cuando el camino se volvía cuesta arriba, su presencia me ofrecía consuelo y fortaleza. Con Ethan, siempre estuvo dispuesta a aprender más, a acompañarlo con ternura mientras avanzaba en su desarrollo. Y con Nathan, sus cuidados fueron más allá de lo esperado, siempre asegurándose de que no le faltara nada: ni cariño ni atención ni ese toque tan especial que solo una abuela sabe brindar.

Pero no era su amor lo único que nos ofrecía, sino además su incansable dedicación. Con infinita paciencia, investigaba, buscaba terapias, descubría nuevas herramientas, materiales educativos, cualquier cosa que pudiera ayudar a que mis hijos tuvieran un futuro lleno de posibilidades. Su deseo de verlos progresar, felices y completos, se notaba en cada acción, en cada pequeño gesto. ¡Y las abuelas... saben cómo son! Siempre atentas, siempre dispuestas, siempre con una solución para todo. Si mis hijos necesitaban algo, ya fuera material o emocional, allí estaba ella, sin pensarlo, con el corazón dispuesto a ofrecer lo que tuviera a su alcance.

De vez en cuando, me pregunto cómo habría sido todo sin su presencia. No hay palabras suficientes para expresar lo que su apoyo ha significado para mí y para mis hijos. En los momentos de cansancio, su fuerza era la que nos mantenía en pie. No solo fue un pilar para lo que los niños son hoy. Gracias a su amor inquebrantable, las situaciones fueron más fáciles de sobrellevar. Sin ella, no sé si podríamos haber realizado este recorrido con la misma esperanza.

Además, quiero destacar el apoyo de mi suegra, quien en una etapa crucial vino a vivir con nosotros para brindarnos el apoyo tan necesario de una abuela en la vida de los niños. Su presencia fue un regalo. Aportó su experiencia y sabiduría, pero también su amor y cercanía. Estar con nosotros, día tras día, hizo posible que mi suegra se convirtiera en una columna de calma y estabilidad para los niños, en especial en los momentos en que más lo necesitábamos. Su amor incondicional y el vínculo que estableció con Ethan y Nathan fue esencial para su bienestar emocional y su desarrollo.

Las abuelas, en particular, son piezas clave en la vida de los niños. Son capaces de ofrecer un apoyo incomparable. En mi caso, tanto mi mamá como mi suegra fueron esa red de seguridad que me permitió seguir adelante. A veces, cuando sentía que me faltaban fuerzas, estaban ahí, listas para sostenerme y darme ese respiro necesario. Gracias a ellas, seguí luchando cada día, sabiendo que mis hijos estaban rodeados de amor y cuidado, no solo por mí, sino también por las figuras maternas más importantes en sus vidas.

El poder de la paciencia, la comprensión y la empatía

Te voy a ser sincera: la paciencia fue algo que nunca supe que necesitaba tanto hasta que Ethan llegó a mi vida. Antes de ser mamá, pensaba que sí la tenía, pero la experiencia de la maternidad me enseñó que, en realidad, hay una pura y simple, y luego está la paciencia real, esa que se cultiva con el tiempo, a través de los retos, las noches sin dormir y esos momentos en los que simplemente no sabes qué hacer.

Ethan era un desafío para todo tipo de paciencia. Al principio, me costaba entender por qué no podía hacer lo mismo que otros niños. Pensaba que, si me esforzaba más, las cosas cambiarían más rápido. Pero ahí fue cuando obtuve un aprendizaje muy importante: no se trataba de forzar las cosas, sino de ser paciente y darle espacio.

A veces, me sentía impotente. Intentaba que todo sucediera a mi ritmo, en el de una mamá que ve a su hijo crecer con el que se considera "normal". Pero eso no era lo que Ethan quería y estaba en lo correcto. El poder de la paciencia llegó cuando entendí que cada niño tiene sus propios tiempos. Cuando lo acepté, me sentí más ligera, más abierta a disfrutar de cada etapa, sin presionarme.

No solo hablo de paciencia en términos de tiempo, sino para aceptar su manera de ser, la forma en que expresa su mundo, sus emociones, incluso sus frustraciones. Hay momentos en los que no puede decir lo que necesita y eso suele ser un reto, especialmente cuando te sientes atrapada entre la necesidad de ayudarlo a comunicar sus emociones y la frustración de no saber exactamente cómo.

Ahí es donde el poder de la comprensión entra en juego. En el caso de Ethan no implica necesariamente saber interpretar cada uno de sus movimientos o palabras, sino estar dispuesta a observar, a escuchar más allá de lo evidente, a interpretar lo que está detrás de sus gestos, su cuerpo, sus miradas. He aprendido que cuando no puede expresarse verbalmente, lo hace con su comportamiento. En esas situaciones trato de ponerme en su lugar y ver el mundo a través de sus ojos, aunque ocasionalmente se me dificulta.

Por otro lado, la empatía ha sido una herramienta básica. No solo debía practicarla con Ethan, sino también con Nathan, quien al principio no comprendía por qué su hermano a veces no podía jugar o interactuar como él. Como mamá de dos niños con realidades tan diferentes, la empatía se convirtió en un puente que me ayudó a equilibrar la atención entre los dos, sin que uno se sintiera menos amado que el otro. Me esfuerzo de corazón por entender los sentimientos de ambos, pero también aprendo a ser empática conmigo misma. La vida suele presentar situaciones adversas y reconozco que hay algunas que agotan mi energía, por lo que necesito un espacio para recargarme.

No es un camino fácil, pero la empatía me permite ver a Ethan por quien es, sin juzgarlo por lo que no puede hacer, sino celebrando lo que sí logra, incluso los avances más pequeños.

Cuando él logra algo, el corazón se me llena de una gratitud profunda. Con Nathan, trato de ser empática con sus necesidades también. De alguna manera, mis hijos me han enseñado lo que realmente significa ponerme en los zapatos de otro.

A veces, cuando las emociones están a flor de piel o cuando siento que no puedo más, ser empática conmigo misma me ayuda a recordar que se vale no ser perfecta, estar cansada o perdida e incluso sentir miedo. Aceptar esos sentimientos en lugar de rechazarme me permite seguir adelante con más amor, porque al final, el que le entrego a mis hijos comienza con el que me doy a mí misma.

Aunque no siempre lo note en el acto, sé que la paciencia, la comprensión y la empatía son las claves para construir esa relación tan especial que tengo con Ethan y Nathan. Ellos me han enseñado que las cosas no siempre serán fáciles, pero que, con el tiempo, me llevarán a lugares mucho más especiales, más conectados y, sobre todo, más llenos de amor.

CAPÍTULO 7

Cómo afrontar la sensación de perderte a ti misma

¿Sabes? Había momentos en los que me sentía como si me estuviera perdiendo a mí misma en medio del proceso, como si lo que antes era se desvaneciera poco a poco. No te voy a mentir, esa sensación no es agradable. Al principio, parecía que los días giraban alrededor de Ethan: las terapias, las citas médicas, los ejercicios, las preguntas... siempre estaba ocupada intentando estar a la altura de lo que él necesitaba, mientras trataba, al mismo tiempo, de ser la mamá perfecta para Nathan.

¿Y en dónde me quedaba yo en medio de tantos afanes?

De vez en cuando, me preguntaba: "¿Quién soy, además de la mamá de Ethan y Nathan?", porque al principio, es fácil que te absorba todo, llegar a sentir que tu identidad se reduce a ser la cuidadora, la terapeuta, la educadora... Pero, ¿qué pasa con lo que yo quiero hacer, con mis sueños, mis pasiones, mis necesidades como mujer, como persona?

Me sentía atrapada, como si mi vida fuera una lista interminable de cosas pendientes de hacer y simplemente no podía tomarme un respiro para ser yo misma. En esos momentos, la ansiedad y el agotamiento se apoderaban de mí y me parecía que no quedaba espacio para mi bienestar, así que me preguntaba cómo empezar a recuperar mi equilibrio.

La necesidad de priorizarte

Lo primero que tuve que aprender fue que es totalmente válido requerir tiempo para ti misma y, créeme, no fue sencillo. Como madres, especialmente cuando tenemos niños con necesidades especiales, usualmente nos sentimos culpables por tomarnos un respiro. La culpa está ahí, acechando, diciendo que, si no estamos el 100 % del tiempo con ellos, fallamos. Pero aquí está la verdad que descubrí: no puedes dar lo mejor de ti si no cuidas de ti misma primero.

Empecé a comprender que, para poder estar allí para Ethan, Nathan y Diego, tenía que estar bien conmigo misma. Necesitaba momentos de descanso, para estar a solas y recargar energías. Y no, no tiene que ser algo excesivo. A veces, me encontraba en la cama leyendo un libro (aunque fueran solo unos minutos), tomando una taza de café tranquila o haciendo una caminata rápida por el vecindario. Eran solo pequeñas cosas, pero tenían un impacto gigante en mi salud mental y emocional.

Hablar de lo que sientes

Una de las lecciones más importantes que aprendí, como ya lo he expresado, es que no estoy sola en esta situación. Cuando empecé a hablar con otras madres de hijos con autismo, descubrí que todas experimentamos la sensación de perdernos a nosotras mismas. Al compartir con ellas me sentí acompañada y además empecé a ver soluciones en las experiencias de otras personas. Las conversaciones se convirtieron en una fuente de consuelo. No solo hablaba de los problemas, sino también de las pequeñas victorias y alivios.

Luego, empecé a abrirme con mi esposo Diego sobre lo que sentía. Él fue clave para ayudarme a entender que

ENCONTRANDO LA LUZ EN EL ESPECTRO

no tenía que hacerlo todo sola. Usualmente, lo único que necesitaba era decirle: "Quiero un poco de tiempo, por favor" y él estaba ahí, dispuesto a asumir lo que fuera preciso para que yo me recargara.

La importancia de la espiritualidad

Otro aspecto que me ayudó muchísimo fue mi conexión con Dios. De alguna manera, cuando sentía que me perdía tenía que recordarme a mí misma que no todo dependía de mí. Mi fe me reafirmó que Dios estaba en control y que yo no tenía que ser perfecta. Él me dio esta misión como mamá, pero también la capacidad de pedir ayuda, de descansar y de hallar espacio para cuidar de mi alma. La oración y esos momentos en los que me desahogaba con Él, fueron mi salvación.

Aunque no siempre fue fácil, empecé a notar que, cuando me tomaba esos ratos para mí, me recuperaba física y emocionalmente, pero también mi relación con mis hijos se volvía más fuerte, porque cuando yo estaba bien, podía dar lo mejor de mí y eso beneficiaba a todos.

Se vale no estar bien siempre

El último gran aprendizaje que obtuve fue que es válido no estar bien siempre. No tenemos que ser súper mamás todo el tiempo. De hecho, al sentirme vulnerable, era cuando más me daba cuenta de que en verdad era humana y que eso no solo estaba bien, sino que también me hacía más fuerte y real. Aunque parezca contradictorio, es posible encontrar la fuerza en la fragilidad.

Así que, si alguna vez te sientes como yo, como si te estuvieras perdiendo a ti misma, quiero que sepas que no estás sola. A todos nos ocurre y tomar tiempo para ti misma no quiere decir que no ames a tus hijos o que no te ocupes de ellos. Al contrario, al cuidarte les muestras lo importante que es el amor propio, la paz interior y la importancia de estar bien para dar lo mejor.

Relevancia del autocuidado

Déjame preguntarte algo, ¿cuándo fue la última vez que te pusiste primero? No me malinterpretes, ¡sé que estar al 100 % para tu hijo es lo más importante! Pero, ¿te has dado cuenta de que cuando no nos cuidamos nosotras mismas no podemos dar lo mejor a nadie?

Te confieso que, al principio, me enfocaba totalmente en mi hijo. ¡Todo mi ser estaba enfocado en él! Terapias, citas médicas, reuniones del IEP, todo lo que pudiera hacer por Ethan... Pero luego, empecé a sentirme agotada, drenada por completo. Te lo cuento porque quizás a ti también te ha pasado. Es que, en mi caso, la energía se agotaba física y emocionalmente. Hay días en los que sientes que ya no tienes más para dar y ahí es cuando el autocuidado se convierte en algo indispensable.

No voy a mentirte diciéndote que autocuidarse es fácil, porque no lo es. En este proceso tan intenso, a veces el tiempo para una misma parece una utopía, pero el autocuidado no tiene que ser algo excesivo. No se trata solo de un spa (aunque si tienes esa oportunidad, ¡sería maravilloso!), es encontrar pequeñas formas de recargar tus pilas para no terminar completamente vacía.

He aquí algunas tácticas que me ayudaron a mejorar mi autocuidado (y que quiero compartir contigo):

1. Un espacio para respirar. Empecé con cosas pequeñas, como tomarme cinco minutos al día para respirar profundamente y conectar con Dios. De verdad, esos minutos de quietud me ayudaban a calmar mi mente y volver a poner las cosas en perspectiva. Porque, ¿sabes qué?, todo parece más claro cuando tomamos un respiro.

2. Terapia, terapia, terapia. No me refiero solo a la de tu hijo (aunque es muy importante), me refiero a ti. ¡Hazlo por ti! Si necesitas hablar con alguien, busca un terapeuta que te ayude a procesar tus emociones. La salud mental es tan importante como la física. Empecé a ir a terapia, y déjame decirte que, aunque es difícil abrirse, es una de las decisiones más liberadoras que tomé.

3. Encuentra tu tribu. Este es un punto clave. No eres una supermamá, ¡y está bien! Pero necesitas rodearte de personas que te entiendan. Es increíble lo que pasa cuando te rodeas de otras madres en situaciones similares. Lo que compartimos nos ayuda a sanar. Encuentra un grupo de apoyo, ya sea en persona o en línea. Hay muchas comunidades en redes sociales donde las mamás de niños con autismo se apoyan mutuamente. La conexión es mágica.

4. Haz algo que te guste, aunque sea por diez minutos, como leer un libro, escuchar tu canción favorita, ver un episodio de tu serie preferida o incluso salir a caminar. A veces, me sorprendía cómo quince minutos ocupada en algo que me hiciera feliz me ayudaban a recargar energías y enfrentar el día con

más fuerza.

5. Duerme, sí, duerme. Yo sé que esto suena como una utopía cuando tienes un hijo con autismo, pero el descanso es esencial. Hay días en que no puedes más y ese sueño es necesario para sanar. Si tienes la oportunidad de dormir una siesta o simplemente descansar un poco por la noche, ¡hazlo! No eres una superheroína, solo una mamá que debe dormir para estar bien.

6. Acepta que no tienes que hacerlo todo. Este fue un gran aprendizaje. No tienes que ser la mamá perfecta, la esposa perfecta, la amiga perfecta. Nadie tiene todo bajo control y es válido. Es totalmente aceptable pedir ayuda, ya sea que alguien se quede con tu hijo por un rato, que tu pareja te dé un respiro o que simplemente dejes de lado las expectativas que tienes sobre ti misma.

7. Orar y conectar con Dios y la naturaleza. En mi proceso, uno de los pilares que me dio paz fue orar y conectar con Dios. En las situaciones más complicadas, cuando sentía que me desbordaba, Dios fue mi refugio. Yo, sinceramente, encontré mucha paz en hablar con Él, en expresarle mis miedos, mis dudas y mis preocupaciones. Cada oración era un acto de rendición, de poner todo en Sus manos, confiando en que, aunque no entendiera por completo el propósito de lo que vivíamos, Él tenía un plan para nosotros. La oración no solo me daba consuelo, sino que también me brindaba la confianza de que todo, aunque a veces pareciera caótico, tenía un propósito. Era como si en ese espacio de conversación con Dios encontrara las fuerzas para seguir adelante, para dar un paso más, incluso cuando no sabía cómo iba

a hacerlo. Esa conexión con lo divino me recordaba que no estábamos solas, que no importaba cuán difícil fuera el proceso, pues siempre había algo más grande que nos sostenía. Pero, además de la oración, descubrí que la naturaleza también jugaba un papel esencial en mi bienestar físico, mental y espiritual. Vivir rodeada de la belleza natural me ofreció una sensación de paz y equilibrio que no encontraba en otro lado. No importa si vives cerca de la playa, las montañas o en la ciudad, lo que cuenta es encontrar un espacio donde conectes contigo misma. A veces, un simple paseo por un parque puede ser suficiente para calmar la mente, tomar un respiro y sentir que todo estará bien. No tiene que ser un lugar místico ni lejano, lo esencial es dedicar tiempo para estar en el presente y reconectar con lo que te rodea.

Cuando comencé a ponerme a mí misma en primer lugar me percaté de que podía ser una mejor mamá, escuchar más a mi hijo, tener más paciencia y, sobre todo, disfrutar más del presente. No se trata de ser perfecta, sino de ser auténtica y sana, porque cuando tú estás bien, tu hijo lo nota.

Claro, el camino no siempre es cómodo, pero te aseguro que es mucho más llevadero cuando encuentras formas de cuidar de ti misma. En ocasiones, basta con un pequeño gesto de amor hacia ti, como tomarte un café en silencio o dedicar un rato a relajarte.

Así que, hermana, no te olvides de ti. Porque, aunque ser mamá es un trabajo de tiempo completo, el primero es cuidar de ti misma para que puedas seguir dando lo mejor de ti a los demás.

Aprendiendo a amarme a mí misma

He aquí la clave: el amor incondicional no solo se trata de cómo lo entrego a mis hijos, sino de cómo me acepto, porque cabe recordar que no soy solo mamá de Ethan o de Nathan, también soy yo. Necesito espacio para respirar, para ser yo misma, para sentir que soy más que un rol.

En ocasiones, la mayor lección de amor es perdonarme cuando siento que no doy lo suficiente o cuando me siento atrapada entre los dos mundos. Me di cuenta de que, aunque la vida con Ethan y Nathan no siempre sigue el mismo guion, los dos me muestran un amor tan único y puro que me fortalece.

CAPÍTULO 8

Salud mental: navegar por la ansiedad el estrés y el agobio

Hay momentos en la vida que te cambian por completo, en los que el miedo te invade de tal manera que no sabes cómo manejarlo. Recuerdo un día, no hace mucho, cuando nos mudamos a Carolina del Norte. Estábamos en pleno caos de mudanza, rodeados de cajas y muebles por todos lados, tratando de hacer todo lo más rápido posible. No imaginaba que algo tan aterrador podría suceder con un descuido tan pequeño.

Ethan, mi hijo con autismo, tiene una tendencia a escaparse, algo que siempre hemos tenido presente. Pero ese día, mientras estábamos ocupados con la mudanza, no pensamos ni por un segundo que podría salir solo. Había abierto la puerta del garaje y se había ido. El vecino, que ya conocía la situación y sabía que el niño a veces se escapaba, vio la puerta abierta y se preocupó. Fue el primero en darnos la voz de alarma.

El vecino vino presuroso, gritando: "¡La puerta está abierta! ¿Tus hijos están aquí?". En ese segundo, mi corazón se detuvo. Me levanté rápidamente, corrí por la casa, llamaba a Ethan, pero no estaba. El miedo se apoderó de mí. Iba de una habitación a otra, pero no lo veía por ningún lado. Diego salió para buscarlo en el carro y yo, en medio del pánico, me dirigí a la calle gritando su nombre. Nathan, mi otro hijo, me seguía, también gritando. "¡Mamá, tenemos que encontrar a mi hermano!", exclamaba. El frío de ese atardecer de enero no me importaba en absoluto. Lo único que quería era encontrarlo.

Mientras corría descalza, mi mente daba vueltas y se preguntaba: "¿Y si se lo llevaron? ¿Y si se perdió en el bosque cercano?". Era una sensación indescriptible, un nudo en el estómago que no me dejaba respirar, pero no tenía tiempo de detenerme en esos pensamientos, pues encontrarlo era mi único interés.

Diego, que ya había llamado al 911, me miró y me dijo: "Llama a tu papá". No entendí por qué me lo pidió, pero lo hice. Mi padre siempre ha sido una persona de fe, de oración y en medio del caos me dijo: "Clama a Dios. Él es el único que puede devolverte a tu hijo". No me detuve a pensar, simplemente lo hice. Me arrodillé en la calle, sin preocuparme por el frío, solo pidiendo con toda mi alma que me trajeran a Ethan.

Al cabo de una hora, la Policía llegó y nos informó que habían encontrado a un niño cerca, a unos 950 pies de la casa, en un bosque detrás de una escuela. Al principio, no podía creerlo. Me dijeron que unos jóvenes lo habían hallado y lo llevaron a la escuela, donde avisaron a la Policía. Sentí una mezcla de miedo y alivio, pues aún necesitaba saber con certeza si era él.

Diego, que ya había llegado al lugar, me dijo que me subiera a la patrulla para identificar al niño. No conocía nada del área, no sabía dónde estaba esa escuela, pero sin pensarlo, me subí a la patrulla. El trayecto duró una eternidad. Cada segundo sentía que mi corazón latía más rápido. Pensaba en cómo había llegado allí, en lo que podría haberle pasado... Mi mente no podía dejar de imaginar lo peor.

Cuando llegamos, vi a Ethan. Allí estaba, jugando con una pelota, totalmente despreocupado. Mi cuerpo se derrumbó en ese instante. Sentí una oleada de alivio tan grande que no pude contener las lágrimas. Corrí a abrazarlo, y en cuanto lo toqué, una mezcla de gratitud y miedo se apoderó de mí. Estaba mojado de pies a cabeza. Al ver por dónde había pasado y que incluso había cruzado un río, entendí cuán cerca estuvo de algo mucho peor. Pensé en lo afortunados que éramos de haberlo encontrado a tiempo.

Pero junto con el alivio vinieron la presión del estrés y una sensación de ansiedad e impotencia. El miedo de no haberlo protegido como debía, la culpa por no haberlo visto cuando se escapó... todo eso se quedó conmigo durante algún tiempo, a pesar de que mi hijo estaba a salvo.

Prácticas de autocuidado

Después de lo que vivimos con Ethan me di cuenta de que no hay que esperar momentos de crisis para darnos cuenta de lo importante que es cuidarnos.

En casos como el que me ocurrió, la ansiedad y el estrés no desaparecen por arte de magia y, aunque tu hijo regrese sano y salvo, el peso que queda dentro de ti no siempre se va tan rápido, así que aprendí que el autocuidado no es solo un lujo, es una necesidad. Pero, ¿cómo hacerles frente a los contratiempos sin sentir que la vida te sobrepasa? Aquí te comparto otras prácticas simples de autocuidado que me han ayudado a mantenerme centrada, incluso cuando las cosas se complican.

1. Alimentación consciente: el poder de lo que comes

Cuando el estrés y la ansiedad se apoderan de mí, lo primero que noto es que mi cuerpo reacciona: estómago revuelto, fatiga, falta de apetito... La verdad es que, en esos momentos, el cuerpo te grita que algo no está bien. Por eso, comencé a ser más consciente de lo que pongo en él. Comer bien no solo es una cuestión de salud, sino de bienestar mental. No es necesario seguir dietas estrictas ni complicadas, pero he percibido que cuando como más frutas, verduras, y alimentos frescos, mi cuerpo y mi mente responden mejor.

No se trata solo de lo que comes, sino de cómo lo comes. En vez de alimentarme corriendo, pendiente de mil cosas, empecé a buscar la tranquilidad durante esos momentos. Cuando me tomo un tiempo para disfrutar lo que ingiero, incluso si son solo unos minutos, mi cuerpo y mi mente se relajan. Comer con calma me hace sentir que cuido de mí misma, aunque sea por un rato.

2. Conexión con la naturaleza: respirar aire fresco y sentir el sol

Lo sé, puede sonar un poco cliché, pero salir a caminar y conectar con la naturaleza ha sido un salvavidas para mí. Cuando estás atrapada en la rutina diaria, entre las preocupaciones por el futuro, los problemas del día a día y todo lo que tienes que hacer, es fácil olvidar lo importante que es respirar aire fresco. Caminar por el parque, incluso si es solo por quince minutos, me ayuda a despejar mi mente. No se trata de hacer ejercicio intenso ni de una caminata larga, es solo el hecho de estar al aire libre, sentir el sol en la cara o escuchar a los pájaros.

Es curioso cómo algo tan simple como respirar profundamente mientras caminas te ayuda a calmarte. La naturaleza tiene una forma de hacerte recordar que, aunque el mundo esté a mil por hora, puedes tomarte un respiro. Eso me lleva a pensar en lo que realmente importa: el aquí y el ahora.

3. Vivir el presente sin preocuparse por el mañana

Creo que uno de los mayores desafíos cuando lidiamos con el estrés es que siempre miramos hacia el futuro. Es muy fácil pensar en todo lo que tenemos que hacer mañana, en los problemas que podrían surgir, en las decisiones por tomar, en los "¿y si...?" que nos martillan la cabeza. Pero aprendí que el mañana no lo podemos controlar y que preocuparme por él solo me quita la paz del presente.

Cada vez que me encuentro atrapada en esos pensamientos trato de detenerme y de enfocarme en el momento presente. Me pregunto: "¿Qué debo hacer AHORA para sentirme mejor?". Puede ser algo tan sencillo como respirar profundo durante unos segundos, hacer una pausa en medio del caos o simplemente mirar a mis hijos y recordar lo agradecida que estoy por tenerlos cerca. No es fácil, y definitivamente no es perfecto, pero al menos trato de vivir más en el presente, sin agobiarme tanto por lo que aún no ha llegado.

Otra cosa que me ha ayudado mucho es aprender a decir "no". No siempre tengo que estar disponible para todo el mundo ni hacer todo a la perfección. Cada vez que me doy permiso para decir no, me siento más libre, más en control.

Estos pequeños cambios han sido esenciales para mantenerme equilibrada. No quiero que pienses que es simple, porque no lo es, pero al integrar estas prácticas a mi vida diaria, empecé a notar una diferencia. He percibido que, aunque las cosas sean complejas, siempre hay algo bajo mi control: cómo me cuido a mí misma, cómo decido responder al estrés y cómo elijo estar presente en el aquí y el ahora.

Lecciones de paciencia, perspectiva y resiliencia

He tenido que aprender a ejercitar la paciencia, no solo conmigo misma, sino también con Ethan. Al principio, cuando todo era muy nuevo, había momentos en los que me sentía frustrada, sin saber cómo ayudarlo o cómo comunicarme con él. Las rutinas, las terapias y las adaptaciones parecían ser interminables, pero con el tiempo aprendí que no se trata solo de esperar, sino de comprender que las cosas suceden cuando tienen que suceder y que el progreso no siempre se mide en grandes saltos, sino en pequeños logros.

Nathan también me ha enseñado mucho sobre la paciencia. A veces veo la facilidad con la que él entiende ciertas cosas, como las interacciones sociales o las exigencias de la escuela y me da una nueva perspectiva sobre el tiempo y las diferentes formas de aprender. He tenido que ser paciente, no solo con Ethan, sino también con mis propias expectativas de lo que "debería" estar sucediendo y aceptar que el viaje de cada uno de mis hijos es único.

La perspectiva también ha cambiado por completo. Mientras que muchas personas perciben el mundo de manera lineal o estructurada, Ethan tiene una forma única de verlo. Por ejemplo, puede tener una memoria impresionante para ciertos detalles, pero a veces le cuesta mucho entender lo que sucede en el presente. La forma en que interactúa con los demás, desde su enfoque al resolver problemas hasta su manera de disfrutar lo que le interesa es tan fascinante que me hizo cuestionar muchas de mis propias creencias sobre lo que significa ser "normal". Nathan, por otro lado, también tiene una manera de ver el mundo diferente, pero no deja de ser hermoso en su simplicidad. Tener a ambos me ha permitido apreciar que cada uno de ellos aporta una perspectiva valiosa.

La resiliencia se cultiva todos los días. Tanto Ethan como Nathan me han mostrado lo que representa seguir adelante, incluso cuando las cosas no van como esperábamos. Ethan tiene que enfrentar desafíos que a menudo son invisibles para los demás, pero cada vez que se sobrepone a una nueva situación o intenta algo diferente, esa resiliencia se refleja en sus pequeños logros.

En cuanto a Nathan, aunque sus desafíos son diferentes, también me ha mostrado lo importante que es mantener la cabeza en alto cuando la situación es adversa. Juntos, me enseñan que la resiliencia no se trata solo de aguantar, sino también de aprender a adaptarse y seguir adelante.

Aceptar las diferencias: lo que el mundo puede aprender del autismo

Desde que Ethan fue diagnosticado con autismo he tenido que enfrentarme tanto a los desafíos de su desarrollo como a la falta de comprensión de las personas cercanas a mí, incluso amigos. Al principio, me costaba explicar que, como mamá de un niño con autismo, hay situaciones que para otros son sencillas, pero que para mí son todo un desafío. Cosas tan simples como dejar a los niños jugar en un parque abierto o salir a tomar un café con amigos suelen ser lujos que no me puedo permitir.

En muchas ocasiones he tenido que rechazar invitaciones a planes que parecen sencillos porque, para Ethan, un lugar público puede ser una fuente de sobrecarga sensorial. Él tiene comportamientos de escapismo, lo que significa que no es raro que intente correr hacia una salida o se acerque a extraños sin entender los peligros. El temor constante de que se pierda o se ponga en una situación vulnerable es una realidad con la que vivo cada día.

Este tipo de experiencias puede ser malinterpretado por quienes no viven lo mismo. Hay quienes no entienden por qué no puedo simplemente "relajarme" y dejar a mis hijos en un parque para disfrutar de un rato libre. Para ellos, es una situación tan simple como "dejar que los niños jueguen", pero para mí, es una constante vigilancia, estar atenta, asegurándome de que siempre esté protegido. Es un trabajo continuo que muchas veces implica que me pierda de ratos de descanso o de socialización con mis amigas.

La incomprensión puede ser dolorosa. Las personas que no viven con niños en el espectro autista a menudo no ven lo que en verdad implica la situación. No entienden que las "cosas fáciles" para ellos son, en realidad, enormes desafíos para mí. De vez en cuando, los amigos se sienten frustrados o incomprendidos porque, en su visión, "estoy perdiéndome de momentos sociales". Pero lo que no suelen comprender es que el solo hecho de estar alerta, asegurándome de que Ethan no se ponga en peligro, es un trabajo arduo que me impide disfrutar de esas mismas experiencias.

Hay algo que el mundo debe aprender: no todos tenemos la misma facilidad para disfrutar de ciertas situaciones sociales. La aceptación de las diferencias y la empatía por lo que viven las familias como la mía puede lograr el cambio en la percepción. No se trata solo de un diagnóstico, sino de una vida diaria que requiere mucha atención, esfuerzo y sacrificio. El mundo debe aprender del autismo que cada niño tiene necesidades distintas y que esas diferencias merecen ser entendidas y respetadas.

A través de estas experiencias he aprendido que las expectativas sociales a veces necesitan ser modificadas. Lo que para unos es una tarde sencilla, para otros es una jornada de cuidados y desafíos. Reconocer esas diferencias y aceptar que cada familia tiene su propia forma de disfrutar la vida, sin sentir que están perdiendo algo, es fundamental para avanzar hacia una verdadera inclusión.

La belleza de la neurodiversidad

Este concepto ha sido un viaje para mí. Al principio, lo veía como un desafío que debía ser superado. Pero, a medida que he aprendido más sobre el autismo y he observado cómo Ethan interactúa con el mundo, he visto la neurodiversidad como una verdadera forma de belleza.

Ethan tiene su propio ritmo y manera de procesar las emociones y, en ocasiones, incluso una forma diferente de disfrutar de las cosas que le apasionan. Lo que antes veía como una dificultad, ahora lo considero como una fortaleza. Por ejemplo, su increíble atención al detalle y su capacidad para enfocarse en lo que le interesa, lo convierten en un experto en temas muy específicos. Lo mismo ocurre con su memoria, que puede recordar detalles que otros simplemente no percibirían. Esta capacidad de observar el mundo a través de un lente distinto es algo que Nathan también está aprendiendo a apreciar. En ocasiones, noto cómo ambos se complementan, cómo Nathan es capaz de ofrecer una perspectiva más convencional, mientras que Ethan nos desafía a mirar más allá de lo obvio.

La neurodiversidad nos muestra que la humanidad es rica en una variedad infinita de formas de pensar, procesar e interactuar. Es un recordatorio de que la "normalidad" es solo una etiqueta que puede hacer que olvidemos las maravillas que nacen de las diferencias.

Mi visión del éxito y la felicidad a partir del autismo

Antes de tener a Ethan mi visión del éxito estaba muy enfocada en las metas convencionales: buenos grados, un trabajo estable, ser parte de la sociedad "normal" ... Sin embargo, con él, mi perspectiva cambió profundamente.

Ya no lo mido en términos de lo que se logra en una hoja de ruta preestablecida. En lugar de eso, mi idea del éxito ahora se basa en los pequeños logros: cuando Ethan logra comunicarse, cuando hace una conexión emocional con alguien, cuando muestra un pequeño progreso en sus terapias...

La felicidad también se redefine. Al principio, mi idea al respecto era bastante común, algo similar a lo que esperaba de un niño neurotípico: que compartiera intereses típicos, que disfrutara de actividades que los demás consideraran "normales". Pero la felicidad de Ethan es única y a menudo tiene que ver con los detalles más sencillos: un sonido que le gusta, un lugar donde se siente cómodo o simplemente alcanzar un pequeño objetivo que, para él, es un gran paso.

Nathan, por su parte, tiene una visión diferente del éxito y la felicidad. Sin embargo, también ha aprendido mucho de su hermano. Él ha comenzado a entender que no todos siguen el mismo rumbo y que la verdadera felicidad proviene de aceptar y valorar lo que uno tiene, sin compararse constantemente con los demás.

CAPÍTULO 9

La abogacía: un pilar para el desarrollo de tu hijo

Abogar por tu hijo dentro del espectro autista no solo implica ser su voz, sino también ser una defensora activa de sus derechos, necesidades y oportunidades. La abogacía es un acto de amor y compromiso que puede transformar la vida de tu hijo y su capacidad para prosperar en su entorno. Aquí te explicamos por qué es tan importante.

1. Garantía de acceso a educación apropiada y de calidad

Uno de los mayores desafíos que enfrentan los padres de niños con autismo es asegurar que su hijo reciba una educación adecuada. Cada niño tiene una forma única de aprender, y los que están dentro del espectro autista pueden necesitar enfoques y recursos específicos para aprovechar su potencial al máximo.

El derecho a una educación adecuada es fundamental y, aunque la mayoría de los sistemas educativos tienen políticas que protegen a los niños con discapacidades, en la práctica puede haber barreras. La abogacía te permite asegurar que las escuelas proporcionen:

- Planes de educación individualizada (IEP) adecuados que detallen las estrategias y apoyos que tu hijo necesita.
- Adaptaciones curriculares y la implementación de estrategias de enseñanza que funcionen para él.
- Servicios de apoyo, como terapia del habla y terapia ocupacional, y otros recursos específicos.

La abogacía activa puede garantizar que tu hijo tenga acceso a las mejores oportunidades educativas y que su aprendizaje no se vea limitado por la falta de recursos o de comprensión de sus necesidades.

2. Promoción del reconocimiento de las necesidades especiales

Cada niño con autismo tiene su propio conjunto de fortalezas y desafíos. A través de la abogacía, puedes ayudar a los profesionales, maestros y terapeutas a entender mejor las necesidades específicas de tu hijo. Esto incluye sus habilidades cognitivas y también sus necesidades emocionales, sociales y sensoriales.

- Sensibilidad sensorial: muchos niños con autismo tienen una sensibilidad aumentada o disminuida a estímulos sensoriales como la luz, el sonido o el tacto. Abogar por tu hijo implica hacer que estas necesidades sean reconocidas y atendidas adecuadamente en el hogar, la escuela y otros entornos.
- Comportamientos desafiantes: la abogacía también ayuda a garantizar que los comportamientos desafiantes, que a menudo son malinterpretados, sean vistos como una forma de comunicación. Abogar por el enfoque adecuado para manejar estos comportamientos puede reducir el estrés, tanto para el niño como para la familia.

Sin la abogacía activa de los padres es posible que las necesidades de los niños no se comprendan completamente, lo que puede dificultar el acceso a los servicios adecuados.

ENCONTRANDO LA LUZ EN EL ESPECTRO

3. Respaldo a la inclusión social y la participación

Los niños con autismo a menudo enfrentan dificultades para interactuar y participar en actividades sociales dentro y fuera de la escuela. La inclusión en actividades extracurriculares, deportes y otros eventos es vital para el desarrollo de habilidades sociales, el bienestar emocional y la autoestima de los niños con autismo.

La abogacía te permite luchar por un entorno más inclusivo para tu hijo:

- Actividades extracurriculares: asegúrate de que tu hijo tenga la oportunidad de participar en actividades que fomenten su desarrollo social, como deportes, arte, música o grupos de amigos.
- Promover la empatía y la comprensión: abogar por la sensibilización en las escuelas y comunidades ayuda a reducir el estigma que a menudo enfrentan los niños con autismo y fomenta una mayor empatía y apoyo por parte de sus compañeros.

Sin una abogacía activa, es posible que tu hijo quede excluido de muchas de estas oportunidades, lo que puede tener un impacto negativo en su desarrollo social y emocional.

4. Obtención de los recursos y apoyos necesarios

El autismo es un espectro y cada niño tiene una combinación única de necesidades que puede incluir terapias, servicios médicos y apoyo psicológico. Los recursos disponibles para las familias varían ampliamente dependiendo de la ubicación, la disponibilidad de servicios y el sistema de salud.

Abogar por tu hijo te permite acceder a los recursos necesarios, que incluyen:

- Terapias especializadas (como ABA, terapia ocupacional, terapia del habla, etc.).
- Apoyo familiar: muchas familias necesitan orientación sobre cómo manejar las dificultades diarias y un defensor te ayuda a encontrar programas y grupos de apoyo o asesoramiento que proporcionen herramientas emocionales y prácticas.
- Servicios médicos: además de las terapias, puede ser necesario buscar médicos y especialistas que trabajen con tu hijo en áreas como el desarrollo cognitivo, la salud mental y las necesidades médicas específicas.

La abogacía ayuda a garantizar que tu hijo reciba los recursos adecuados en el momento indicado, algo esencial para su progreso y bienestar.

5. Defensoría de la salud mental y emocional de tu hijo

El autismo no solo afecta la forma en que un niño se comunica o aprende, sino también sus emociones y su salud mental. Abogar por tu hijo implica estar atenta a las señales emocionales y de salud mental que surjan a medida que crece.

Los niños con autismo son susceptibles a condiciones como la ansiedad, la depresión y el trastorno obsesivo-compulsivo, por lo que contar con un enfoque integral de salud mental es vital. Abogar por tu hijo significa:

- Buscar apoyo psicológico cuando sea necesario.
- Promover el bienestar emocional: asegúrate de

que tu hijo reciba el apoyo emocional necesario en el hogar, la escuela y otros entornos.

- Intervenciones tempranas: con ellas, es más probable que tu hijo desarrolle una mayor resiliencia emocional y aprenda a manejar sus emociones de manera más efectiva.

Cómo encontrar tu voz en la comunidad del autismo

La abogacía también implica que debes ser una voz activa en la comunidad, no solo para tu hijo, sino también para otros niños con autismo. Ser defensora ayuda a sensibilizar a la sociedad al respecto, reduce el estigma y fomenta una mayor comprensión y apoyo.

Además, tu hijo necesita ver en ti una figura fuerte y segura que luche por sus derechos.

Cuando te enfrentas al diagnóstico de autismo de tu hijo, puedes sentir que todo es nuevo, extraño e incluso un poco solitario. Pero aquí está la verdad: encontrar tu voz en la comunidad del autismo no solo es esencial para tu hijo, sino también para ti. No se trata nada más de abogar por sus derechos, sino, además, de ser una fuerza de cambio y apoyo para otros.

Como madre, tu perspectiva es única. Nadie conoce a tu hijo mejor que tú y esa es una herramienta poderosa. La comunidad del autismo necesita escuchar tu historia, tus luchas, tus victorias y, sobre todo, tu voz. Si alguna vez sientes que tus palabras no tienen peso, debes saber lo siguiente: tu experiencia es válida, tu historia es importante y tu voz tiene el poder de inspirar, generar cambios y crear un espacio donde nadie se sienta solo.

Al principio, parece abrumador, pues estás aprendiendo sobre el diagnóstico, terapias y educación especial. En medio de todo eso, puede ser difícil encontrar el coraje para hablar, pero, créeme, tu voz es exactamente lo que esta comunidad necesita.

- Comparte tu historia

Una de las formas más poderosas de encontrar tu voz es compartir tu historia. Ya sea a través de un blog, en redes sociales, en un grupo de apoyo o en una charla con otra madre que pasa por lo mismo, tu historia tiene el poder de conectar, de sanar y de hacer que otras personas se sientan acompañadas. La comunidad del autismo se construye a través de nuestras experiencias compartidas.

Cuando compartes tus desafíos, tus triunfos y las lecciones aprendidas, abres la puerta para que otros hagan lo mismo. Te das permiso para ser vulnerable y, con ese acto, haces posible que otros que también lo son se sientan cómodos. Eso, a su vez, crea una red de apoyo más fuerte y empática.

- Encuentra a tu tribu

El autismo es un espectro y dentro de él hay tantas experiencias como familias. Pero una de las mejores maneras de encontrar tu voz es rodeándote de una comunidad que te entienda. Ya sea que busques grupos en línea, grupos locales de apoyo para padres o incluso eventos comunitarios, encontrar tu tribu es esencial.

Es muy fácil sentirse aislada, especialmente cuando el mundo no siempre entiende lo que implica ser madre de un niño con autismo. Pero dentro de esa tribu, encontrarás a personas que hablan tu mismo idioma, que comprenden lo que sientes y que están dispuestas a escucharte. Al hacerlo, tu voz comienza a resonar más fuerte, más segura.

No tengas miedo de ser abierta con otros padres. Compartir consejos, intercambiar historias y pedir apoyo te dará la fuerza que necesitas y también enriquecerá a toda la comunidad. Recuerda, tu voz puede ser justo lo que otra mamá necesita para sentir que no está sola en su proceso.

- Promueve el cambio

A medida que encuentras tu voz, también hallas tu poder. La comunidad del autismo es más fuerte cuando todos hablamos. Abogar por tu hijo y por los derechos de otros niños con autismo significa participar activamente en el cambio social y educativo. Ya sea que hables en reuniones escolares, participes en eventos de sensibilización o incluso cuando defiendes a tu hijo ante algo que consideras injusto, tu voz es una herramienta poderosa de cambio.

Nunca subestimes el impacto de alzar la voz por lo que es correcto. La forma en que el mundo ve el autismo está cambiando y tú eres parte de ese cambio. Cada conversación, cada acción, cada momento en que decides compartir lo que tu hijo necesita, está ayudando a construir una sociedad más inclusiva y comprensiva.

- Sé fiel a ti misma

Finalmente, encontrar tu voz significa ser fiel a ti misma. No tienes que seguir una ruta trazada por otros. No hay una manera "correcta" de ser madre de un niño con autismo. Lo que importa es que seas auténtica en tu proceso. Si algo no te funciona o no resuena contigo, no tengas miedo de cuestionarlo o cambiarlo. Ser auténtica contigo misma es el primer paso para ser la defensora más efectiva de tu hijo.

A veces, encontrar tu voz puede significar simplemente tomar un respiro y recordar por qué estás en este viaje. Tu hijo te necesita fuerte, pero también genuina. Eso incluye permitirte ser imperfecta, seguir aprendiendo y, sobre todo, confiar en tu intuición como madre.

Cambiar perspectivas: sensibilización y aceptación

Cuando te enfrentas al autismo en la vida de tu hijo no solo vives un cambio en tu día a día, sino que también navegas en un mundo que, muchas veces, no comprende completamente lo que significa vivir con esta condición. El proceso de cambiar las perspectivas y fomentar la sensibilización y aceptación es fundamental, tanto para tu hijo como para ti, pero, ¿por dónde comenzar? Aquí te lo explico de una forma que te ayudará a ver el sendero más despejado.

- **El autismo: un mundo diferente, no inferior**

El primer paso para cambiar las perspectivas sobre el autismo es entender lo que realmente significa. A menudo, las personas lo asocian con una serie de ideas preconcebidas: "Es una enfermedad", "es un trastorno grave", "no puede comunicarse bien". Pero, ¿qué pasaría si comenzáramos a verlo, no como algo que hay que "arreglar" o "curar", sino como una forma diferente de ser?

Los niños con autismo tienen una manera única de ver el mundo. Sus reacciones, sus comportamientos, sus formas de aprender y comunicarse, son simplemente su modo de interactuar con lo que los rodea, que no es ni mejor ni peor que el nuestro, es solo diferente. Cambiar la perspectiva al respecto es crucial para promover la sensibilización y la aceptación.

Sensibilización implica estar más conscientes de las diferencias, sin juzgar, sin estigmatizar. Es entender que lo que puede parecer extraño o difícil de comprender es solo una parte de la forma en que una persona vive el mundo.

La aceptación va más allá de la comprensión intelectual. Es el compromiso emocional de abrir nuestros corazones y aceptar a la persona tal como es, sin intentar cambiar lo que no entendemos. Se trata de ver a nuestro hijo (o cualquier niño con autismo) por lo que es: alguien valioso, digno de amor y respeto, con tantas capacidades como cualquier otra persona.

- **Hablar y compartir para sensibilizar**
Una de las formas más efectivas de cambiar las perspectivas y crear un mundo más inclusivo es hablar sobre lo que significa el autismo, compartir lo que has aprendido y, sobre todo, desafiar a las personas a cuestionar sus prejuicios.

Es posible que las personas en tu círculo no comprendan las dificultades que enfrenta tu hijo a diario. Tal vez no sepan cómo reaccionar cuando él se siente abrumado o tiene una crisis sensorial. Aquí es donde la sensibilización se vuelve clave. Hablar con otros sobre tu experiencia y educar a las personas cercanas es una forma poderosa de eliminar estigmas y promover la comprensión.

Recuerda que no tienes que ser una experta en autismo para compartir tu historia. Hablar desde tu corazón, compartir tus luchas, tus miedos y tus alegrías puede ser una forma increíble de abrir los ojos de los demás. No se trata de explicarlo todo, sino de hacer visible la realidad de tu hijo. La gente necesita escuchar lo que implica el autismo en la vida cotidiana, desde los pequeños logros hasta las dificultades más grandes. Al hacerlo, cambias la narrativa de lo que representa tener autismo, alejándote de los estereotipos y acercándote a una visión más completa.

La importancia de la inclusión: crear espacios para todos

La inclusión es clave para la aceptación. Cuando hablamos de crear espacios inclusivos, no solo nos referimos a un entorno físico, sino a una mentalidad. Vivir en una sociedad que acepta y respeta las diferencias de cada individuo es lo que nos permite avanzar como comunidad. Incluir a tu hijo en actividades sociales, escolares y familiares es una forma de visibilizar que, aunque las necesidades sean diferentes, todos tienen derecho a participar y disfrutar de las mismas oportunidades.

No subestimes el poder de la inclusión. Si bien al principio puede ser difícil, a largo plazo es fundamental para que tu hijo se sienta valorado y comprendido. Al involucrar a otros niños, amigos y familiares, ayudas a crear un entorno donde las diferencias no se ven como un obstáculo, sino como una oportunidad para aprender y crecer juntos.

- **Romper estigmas con un cambio del lenguaje**
El lenguaje juega un papel fundamental en la manera en que percibimos a los demás, pues las palabras tienen poder. A menudo, el autismo se asocia con términos negativos o limitantes, lo que contribuye a la creación de estigmas. Al cambiar las expresiones que usamos y alentar a otros a hacer lo mismo podemos empezar a romperlos. En lugar de "problemas" o "trastornos", podemos hablar de diferencias o habilidades. En vez de referirnos a un niño como "autista", podemos reconocerlo como "un niño con autismo", entendiendo que este no define por completo a la persona.

Es importante que tú, como madre, también te comprometas a usar un lenguaje inclusivo y empático. Si no estás segura de qué términos emplear, no dudes en preguntar a otros padres de niños con autismo o buscar recursos educativos sobre el lenguaje inclusivo. Estas pequeñas acciones tienen un gran impacto en la forma en que la sociedad ve y trata a las personas con autismo.

- **Un llamado a la acción: haz tu parte**

Si realmente deseas cambiar las perspectivas, debes comprometerte a ser un agente activo en el cambio. Esto implica hablar en público, participar en eventos de sensibilización, ser parte de grupos de apoyo e involucrarte en actividades comunitarias. Cada vez que alzas tu voz para hablar sobre el autismo creas un espacio más grande de aceptación y comprensión.

A fin de cuentas, la sensibilización y la aceptación no ocurren de la noche a la mañana, pero cada conversación, cada momento en que eliges educar a los demás, hace una diferencia. Y lo más importante es que estas acciones contribuyen a que tu hijo y todos los niños con autismo tengan una oportunidad justa de ser aceptados y entendidos en su totalidad.

CAPÍTULO 10

Celebración de los logros grandes y pequeños

Si eres madre, sabes que cada jornada diaria está llena de desafíos y descubrimientos, más aún cuando tienes un hijo con autismo. Hay días en que los progresos se perciben lentos y otros en que los más pequeños, que solo tú ves, son grandes victorias. El proceso es largo y, por eso, usualmente los demás no notan esos avances o los minimizan, pero para ti y tu hijo son muy valiosos porque tienen suma importancia en su desarrollo.

Hay una frase que me gusta mucho: "Lo que es invisible para otros es invaluable para nosotros", que se cumple con fidelidad en el viaje del autismo. Quiere decir que, a menudo, las señales de progreso pueden parecer pequeñas o incluso insignificantes desde afuera, pero para ti, como madre, son verdaderas victorias. Ejemplo de ellas son que tu hijo permanezca sentado en una silla durante cinco minutos más de lo habitual y que sea capaz de manejar una transición sin alterarse o incluso de decir una palabra, en lugar de gritar para comunicar lo que quiere.

La clave es reconocer que cada paso cuenta, sin importar que sea visible para el resto del mundo, porque es el resultado de días de esfuerzo, de paciencia y de amor incondicional.

A veces, los logros más valiosos no son los que se ven en una foto o en un reporte. Son esos momentos cotidianos, esos pequeños actos que, sumados, se convierten en algo mucho más trascendente. El hecho de que tu hijo, por fin, te mire a los ojos después de semanas de esfuerzo o que comience a formar frases completas, son indicios de sus progresos, aunque no se revelen en una evaluación formal ni se midan con una cifra.

Cada acción cotidiana forja los verdaderos avances. La capacidad de tu hijo para manejar una situación difícil o adaptarse a una nueva rutina es un reflejo de su perseverancia, y esto es motivo de celebración y reconocimiento, porque demuestra un cambio en su capacidad para interactuar con el mundo.

Celebrar cada logro no significa esperar a una meta monumental para sentirte orgullosa. De hecho, es justamente en los pequeños donde radica una gran parte de la magia del viaje. Para otros, ver a un niño leer por primera vez podría parecer algo común, pero para un niño con autismo, esa lectura representa no solo un avance en habilidad, sino también un enorme triunfo en términos de perseverancia, esfuerzo y crecimiento emocional.

La clave está en apreciar lo que otros no ven. Quizás tu hijo no fue capaz de decir una palabra completa, pero en lugar de considerarlo como una falta de progreso, debes percibirlo como una señal de esfuerzo. Probablemente no completó todo el día de terapia sin sentirse abrumado, por ejemplo, pero el hecho de que pudiera resistir más tiempo que la semana anterior es una victoria.

Cada día representa una oportunidad para celebrar, por pequeña que sea, porque todo avance es un reflejo de cuánto se ha trabajado para llegar ahí.

El logro del coraje

No olvidemos otro aspecto fundamental: la resiliencia. Cuando hablamos de logros, debemos recordar que la verdadera fortaleza de tu hijo radica en su capacidad de enfrentar los desafíos, en lugar de simplemente alcanzarlos. Algunos días, el logro más grande es seguir adelante cuando las cosas son difíciles. Y es precisamente este coraje el que debemos celebrar: el de seguir intentándolo, incluso cuando el camino parece incierto.

Quizás ese coraje y esa resiliencia pasen desapercibidos para los demás, pero para ti, madre, es un testimonio de lo increíblemente fuerte que es tu hijo. Su capacidad de levantarse después de una crisis o de adaptarse a algo nuevo son logros tan importantes como cualquier otro. La resiliencia es uno de los mayores éxitos de tu hijo, una victoria que merece ser celebrada.

Aunque es natural querer que los demás reconozcan los logros de nuestros hijos, la verdad es que no necesitamos la validación externa para sentirnos orgullosos. Esos progresos son valiosos porque tienen significado en tu vida y en la suya. Si bien las terapias, los programas y las evaluaciones son importantes, el tiempo que compartes con tu hijo y los logros cotidianos de los que eres testigo, son lo que realmente importa.

Recuerda que no es necesario que otros validen tus logros, porque tú eres la primera en saber lo mucho que ha costado llegar hasta allí. La celebración comienza en tu corazón y eso es lo que verdaderamente cuenta. No subestimes el poder de reconocer lo que, a simple vista, podría parecer trivial para los demás, pero que para ti es un paso monumental.

Fomentando una cultura de celebración familiar

Cuando celebramos los logros de nuestro hijo, no solo lo honramos a él, sino que creamos un entorno positivo y motivador. Es fundamental celebrar en familia, pues cada pequeño paso es una victoria compartida, un recordatorio de que todo el esfuerzo vale la pena.

Es en los momentos de celebración familiar donde la unidad se fortalece. Cada miembro de la familia juega un papel en el progreso de tu hijo y cuando todos se unen para festejar se crea un espacio donde se valoran tanto los grandes logros como los pequeños. No subestimes el poder de una sonrisa compartida, de un aplauso o de un: "¡Lo lograste!". Esos momentos dan a tu hijo el reconocimiento que merece y también fortalecen los lazos familiares.

La importancia de las rutinas y tradiciones

Las rutinas son esenciales para los niños con autismo. Tener un entorno predecible les proporciona seguridad y les ayuda a sentirse más cómodos en su día a día. Sin embargo, las tradiciones van más allá de lo usual. Son esos momentos especiales que se repiten año tras año, que se esperan con emoción y crean una sensación de continuidad y pertenencia.

Pueden ser cosas simples, como una comida especial todos los domingos o un paseo a un lugar favorito en fechas importantes, como el cumpleaños de un miembro de la familia. Estas tradiciones no tienen que ser grandiosas ni costosas. Lo más importante es que se repitan, que tu hijo las reconozca y anticipe. Cuando los niños con autismo tienen estos momentos predecibles se sienten más seguros y conectados con su entorno.

De vez en cuando, las familias pueden sentirse abrumadas por la necesidad de cumplir con las terapias, las rutinas de salud y otras demandas. Sin embargo, tomarse un tiempo para crear ocasiones especiales es vital. Puede ser una tarde tranquila en el parque, ver una película juntos o incluso hacer manualidades en casa. Estos momentos no solo brindan oportunidades para disfrutar unidos, sino que también ayudan a que cada miembro de la familia se conecte y cree recuerdos compartidos.

La clave está en encontrar esas actividades en las que todos participen y disfruten, sin importar las diferencias o los desafíos. Para tu hijo, pueden ser oportunidades para practicar habilidades sociales y emocionales en un entorno relajado. Al mismo tiempo, son recuerdos que tu familia podrá atesorar siempre, que se convierten en parte de la historia de su vida.

No todas las tradiciones tienen que ser como las de otras familias. Lo hermoso de crearlas es que tienes la capacidad de adaptarlas a las necesidades y preferencias de tu hijo. Tal vez no le gusten las fiestas ruidosas o las multitudes, pero eso no significa que no sea posible crear una tradición memorable. Puede ser algo más tranquilo, como leer el mismo cuento todas las noches antes de dormir o visitar un lugar especial con menos gente.

Al final, lo esencial es que la tradición sea algo que tu hijo disfrute y pueda anticipar y que, a través de estas actividades, se sienta valorado, amado y parte de algo especial. No importa qué tan "diferente" sea tu tradición, en comparación con las de otros, lo que cuenta es que se convierta en algo relevante para tu familia.

Recuerda que no tienes que hacer grandes gastos ni armar experiencias costosas para crear recuerdos imborrables. A veces, lo más simple puede ser lo más profundo. Un paseo para apreciar la naturaleza, una tarde tranquila jugando juntos en casa o una noche viendo estrellas se convierten en tradiciones que marcan una diferencia en la vida de tu hijo. Lo importante es que con esas vivencias se sientan conectados, amados y disfrutados.

Ayudando a otros a conocer a tu hijo

En ocasiones, lo más sencillo es simplemente dar a los demás la oportunidad de conocer a tu hijo como es, sin prejuicios ni expectativas. Invitar a otros a compartir tiempo con él, observar cómo interactúa con el mundo y ser testigos de su creatividad, inteligencia y empatía puede cambiar su perspectiva de inmediato. Muchas veces, las personas no saben cómo interactuar con niños con autismo porque no tienen experiencia o no entienden sus necesidades, pero cuando tienen la ocasión de conocerlos de una forma genuina y sin juicios, son capaces de valorar cosas que no habían notado.

En mi caso, invitar a amigos cercanos y familiares a participar en actividades que mi hijo disfruta ha sido una excelente manera de abrir sus ojos a lo que puede hacer. Estos momentos de conexión les permiten ver a tu hijo más allá de sus desafíos, reconociendo su capacidad para aprender, crecer y contribuir.

Lo más importante es recordar que cada niño, independientemente de su diagnóstico, tiene un inmenso potencial para hacer cosas asombrosas. Ayudar a otros a verlo no solo beneficia a tu hijo, sino que también cambia la forma en que la sociedad en general percibe a las personas con autismo. Cuando mostramos lo que estos niños logran, incluso cuando no encajan en los moldes tradicionales, contribuimos a una cultura de aceptación y celebración de la diversidad.

CAPÍTULO 11

El futuro: esperanza, sueños y posibilidades

Cuando comenzamos este viaje a menudo nos sentimos abrumados por la incertidumbre. El diagnóstico de autismo puede traer consigo una gran cantidad de preguntas, miedos y dudas sobre el futuro de nuestros hijos. Es fácil caer en la trampa de pensar que solo presenta obstáculos, pero la realidad es que está repleto de posibilidades infinitas.

Es importante resaltar que el autismo no es lo que define a una persona ni a su futuro, sino las experiencias que vive, las habilidades que desarrolla, y el amor y el apoyo que recibe a lo largo del proceso. El autismo es solo una parte de la historia, no el final.

Cada niño tiene un potencial único y su futuro no tiene que estar limitado por un diagnóstico. Como ejemplo, cabe resaltar los muchos ejemplos de personas en el espectro que han logrado grandes conquistas en la vida: artistas, científicos, empresarios y activistas. Entre ellos figuran la actriz Daryl Hannah, el actor británico Anthony Hopkins, ganador del premio Oscar; Danny Aykroyd, actor, comediante y cantante; Marty Balin, fundador de la banda Jefferson Airplane, y el empresario Elon Musk, conocido por fundar empresas como SpaceX y Tesla.

Sueños realistas y posibles

Al igual que cualquier otro niño, aquellos con autismo tienen sueños y aspiraciones. Lo que debemos hacer es ayudarlos a descubrirlos, apoyarlos en su trayecto y alentarlos a tener altas expectativas. Es crucial entender que esos sueños no siempre deben coincidir con los de otros niños, pues no todos tienen los mismos intereses o deseos para su futuro y eso es correcto. Lo más importante es permitir que nuestros hijos exploren sus pasiones sin juicio y brindarles las oportunidades para desarrollarlas.

A lo largo de su vida, tus hijos cambiarán y evolucionarán. Puede que así ocurra con sus sueños y aspiraciones también. Pero lo que nunca debe cambiar es tu convencimiento de sus posibilidades. La clave está en ser flexibles, aceptar sus ritmos y ser sus mayores apoyos mientras transitan por sus propios senderos.

Uno de los mayores regalos que podemos darles a nuestros hijos es la esperanza de que, aunque la travesía sea incierta, cada paso cuenta, de que sus sueños son posibles, sin importar las dificultades que enfrenten en el trayecto, de que sus vidas estarán llenas de momentos especiales, de crecimiento personal y, sobre todo, de amor.

La fe en sus capacidades es un motor poderoso. Es preciso creer que todo lo que necesitan está dentro de ellos mismos y que lo único que tenemos que hacer es ayudarles a encontrar esas cualidades, a veces solo pidiéndoles lo que creen que es posible. Nuestra fe en ellos les da la confianza de que, con el apoyo adecuado, cualquier meta es alcanzable.

El futuro no se fabrica de una sola vez; es la suma de una serie de pequeños pasos que nos llevan a lugares inesperados. Cada desafío, cada logro, cada momento de crecimiento es un ladrillo en la construcción de un porvenir sólido y brillante.

Es importante que no nos apresuremos a esperar que nuestros hijos lleguen a ciertos puntos de referencia en tiempos predeterminados. El crecimiento es individual y, como padres, debemos aprender a abrazar el proceso, celebrando cada pequeño avance y siendo pacientes con cada retroceso. La perseverancia es una cualidad poderosa y, con el tiempo, esos esfuerzos darán frutos.

Construyendo un futuro a través de la comunidad

El viaje hacia el futuro de nuestros hijos no se hace en solitario, como ya hemos expresado, pues la comunidad que construimos a su alrededor, ya sean amigos, familiares, terapeutas, maestros y otras familias que están en el mismo camino, tiene un impacto directo. El apoyo y la colaboración son esenciales para su desarrollo. Juntos, podemos derribar barreras y crear un entorno en el que nuestros hijos se sientan comprendidos, apoyados y empoderados.

A medida que tus hijos crezcan, estarán más expuestos a un mundo más amplio y, como familia, debemos trabajar para asegurarnos de que sea inclusivo y respetuoso de las diferencias. La comunidad juega un papel fundamental en el éxito de nuestros hijos y ser una parte activa de ella abre aún más puertas para su futuro.

Celebración de la singularidad de cada camino

Quizás el futuro de tu hijo no luzca como lo imaginaste al principio, pero será tan valioso como cualquier otro destino. Cada niño tiene su propia historia, desafíos y logros, de modo que lo que para algunos parecería un pequeño alcance, para tu hijo puede ser un paso gigantesco.

El futuro es tan único como tu hijo; cada paso hacia adelante es un testimonio de su resiliencia y de la determinación que él y sus padres tienen para enfrentar lo que venga.

Lo que en verdad define el futuro de nuestros hijos es la actitud hacia ellos y su potencial. Cuando crees en su capacidad, y les das las herramientas y el amor necesario, les muestras que no hay límites para alcanzar sus sueños.

Cada día es una oportunidad para enseñarles que, a pesar de cualquier obstáculo, siempre hay una forma de seguir adelante. No importa cuán grande o pequeño sea el sueño, el futuro está lleno de posibilidades.

Lo que el futuro depara para mi hijo y nosotros como familia

Cuando miro hacia el futuro es imposible no sentir una mezcla de emociones. El autismo ha sido una parte integral de nuestra vida que también nos ha enseñado muchísimo sobre lo que significa amar, ser resiliente y, sobre todo, crecer juntos como familia.

El futuro no está escrito, pero lo que sí sabemos es que está lleno de oportunidades, de posibilidades y, lo más importante, de momentos para el disfrute de la familia unida.

Lo que más me emociona al pensar en el futuro es la idea de que siempre hay espacio para el crecimiento, tanto para mi hijo como para nosotros como familia. El autismo no es algo estático, es un espectro que abarca una variedad infinita de experiencias, de manera que cada día es una nueva oportunidad para aprender, adaptarnos y evolucionar. A medida que mi hijo crezca, sé que seguirá enfrentando desafíos, pero también sé que serán una ocasión para fortalecer su carácter, sus habilidades y su independencia.

Aunque el futuro sea incierto, tengo la certeza de que nosotros, como familia, seremos los mayores aliados de mi hijo. Estaremos ahí para apoyarlo, para adaptarnos a sus necesidades cambiantes y para asegurarnos de que enfrente el porvenir con confianza. También evolucionaremos, aprenderemos nuevas formas de ser padres, nuevos enfoques de crianza y creceremos junto con él. En cada etapa de su vida seremos testigos de cómo se desarrolla su potencial y eso me llena de esperanza.

Lo que el futuro nos depara no solo afectará a mi hijo, sino también a toda la familia. El camino del autismo es un viaje compartido. Nuestra fortaleza radica en el hecho de que enfrentamos todo juntos, apoyándonos mutuamente y sabiendo que el centro de nuestra familia es Dios.

No siempre será fácil, por supuesto. Habrá momentos de frustración, de dudas y de miedo, pero la unidad familiar será nuestra mayor herramienta para seguir adelante. Nos apoyaremos los unos a los otros cuando el cansancio sea mucho, cuando las preguntas sin respuestas nos sobrecojan, cuando los desafíos parezcan insuperables.

La visibilidad y la inclusión social

Crear conciencia sobre el espectro autista no solo depende de los esfuerzos de las familias, sino también de la sociedad en su conjunto. A medida que mi hijo crezca, espero que, como comunidad, derribemos los prejuicios y barreras que limitan a las personas con autismo. Quiero que mi hijo pueda acceder a las mismas oportunidades que cualquier otro niño: en la escuela, en su ámbito laboral, en su vida social. Y sé que, aunque el trayecto sea largo, cada pequeño paso hacia la inclusión es uno más cercano a un futuro donde todos podamos convivir de forma más equitativa.

También creo que, aunque mi hijo enfrentará retos, habrá momentos de alegría y logros que jamás imaginamos. El futuro está lleno de sorpresas y, con el apoyo adecuado, sé que él será capaz de superar barreras que quizás muchos consideran insuperables. Ya hemos visto pequeñas victorias en su vida y estoy segura de que vendrán muchas más. Cada logro, por pequeño que sea, nos da la certeza de que el porvenir será brillante.

El autismo nos ha enseñado a ser más conscientes, más solidarios y más atentos a las necesidades de los demás. Nos ha obligado a alejarnos de la visión tradicional de lo que "debería" ser una vida perfecta, para entender que la verdadera perfección reside en la aceptación de la diversidad.

El futuro es una ocasión para ser mejores seres humanos, más inclusivos y amorosos, para aprender a valorar los momentos y a encontrar belleza en los procesos.

Lo más hermoso es que, mientras pienso en lo que el futuro reserva para mi hijo, me doy cuenta de que él es una luz que iluminará el sendero de muchas personas. Lo que ha aprendido, lo que nos ha enseñado y lo que seguirá enseñándonos es invaluable. El futuro no solo está lleno de sueños para él, sino también para los demás, ya que su vida tiene el poder de inspirar y transformar.

De la preocupación al empoderamiento

Al principio, es completamente normal sentirse abrumada. Un diagnóstico de autismo es como una ola que nos sumerge en un mar de incertidumbre, preguntas y miedos. Las preocupaciones son naturales: ¿cómo será su futuro? ¿Será capaz de llevar una vida independiente? ¿Será aceptado por la sociedad? Estas preguntas pueden convertirse en una carga pesada que consume nuestra energía y nuestra paz mental.

En el proceso aprendí la importancia de transformar las preocupaciones en acción. En lugar de centrarme solo en lo que podría ir mal, comencé a enfocar mi energía en lo que sí podía controlar: el apoyo que le brindaba a mi hijo, las decisiones que tomaba como madre y la manera en que le enseñaba a enfrentarse a su propio mundo.

Cada vez que una preocupación surgía, trataba de convertirla en una pregunta con solución. Por ejemplo, si me angustiaba que mi hijo no se adaptara a la escuela, buscaba maneras de apoyarlo mejor con terapias específicas, de hablar con los maestros para garantizar que recibiera el apoyo que necesitaba o de buscar recursos y herramientas para fortalecer su desarrollo.

El poder de la información y la educación

Una de las formas más efectivas de pasar de la preocupación al empoderamiento fue educándome sobre el autismo. Cuanto más sabía sobre el espectro, más capaz me sentía de apoyar a mi hijo adecuadamente. En lugar de verlo como un obstáculo, comencé a entenderlo como una parte más de la personalidad de Ethan, una característica que, si bien requería adaptaciones, también traía consigo muchísimas cualidades únicas.

La información nos empodera porque nos da las herramientas para ser defensores activos de nuestros hijos, para tomar decisiones informadas y entender lo que necesitan. Al ver el autismo con otros ojos, menos como un "problema" y más como una manera diferente de experimentar el mundo, me quité el peso de la preocupación y lo reemplacé con una sensación de control, de sabiduría y de confianza en el proceso.

Al cambiar de mentalidad fui capaz de trabajar en conjunto con mi hijo para identificar sus fortalezas y apoyarlo en lo que necesitaba mejorar. No lo veía como un niño con limitaciones, sino lleno de potencial. Esta transformación fue crucial para mi empoderamiento como madre y el de mi hijo en su propio desarrollo. Como lo dice la Palabra en Salmo 139:14: "Soy una creación maravillosa y por eso te doy gracias. Todo lo que haces es maravilloso, ¡de eso estoy bien seguro!".

El empoderamiento llega cuando le transmitimos a nuestros hijos un mensaje claro: "Tú eres capaz. Yo creo en ti y estaré a tu lado en cada paso del camino". Cuando mi hijo vio que confiaba en sus habilidades y que lo apoyaba con amor incondicional sus propios miedos se fueron reduciendo. La forma en que lo empoderaba a través de la confianza en su capacidad para superar cualquier desafío también me empoderaba a mí como madre.

CAPÍTULO 12

Conexión con la naturaleza

En este capítulo abordaré la poderosa relación entre la naturaleza, el autismo y la conexión espiritual con Dios. A menudo, aquellos que están en el espectro autista tienen una sensibilidad única hacia el entorno que los rodea, que puede ser un desafío o una bendición, dependiendo de cómo se aborde. La naturaleza tiene un efecto terapéutico notable en todas las personas, con autismo o sin él, porque nos conecta con algo mucho más grande que nosotros mismos.

La naturaleza ofrece un espacio seguro y tranquilo donde los sentidos son suavizados y restaurados. El ruido constante y las luces artificiales del mundo moderno suelen ser abrumadores para alguien con autismo, pero la calma que se encuentra en un jardín, un parque o una caminata por el bosque, ofrecen un refugio en el que se sienten en paz. Los sonidos naturales, como el susurro del viento entre los árboles, el canto de los pájaros o el fluir de un arroyo, a menudo tienen un efecto relajante en el sistema nervioso, que es crucial para la regulación emocional.

Además, la conexión con la naturaleza puede ayudar a los niños y adultos en el espectro autista a mejorar sus habilidades de comunicación. La observación de los ciclos, las estaciones y los cambios en el entorno ofrecen oportunidades para hablar sobre diversos temas y explorar conceptos de una manera que resuene profundamente. De alguna forma, la naturaleza habla un lenguaje que trasciende las palabras: de calma, de transformación, de belleza.

La importancia de la conexión espiritual

Para muchas personas la conexión con Dios a través de la naturaleza es un aspecto fundamental de su bienestar espiritual. En el libro de los Salmos, por ejemplo, se nos habla de cómo "los cielos cuentan la gloria de Dios" (Salmos 19:1). La belleza y el orden que vemos en la naturaleza son un reflejo de la perfección divina. Para aquellos en el espectro autista, esta conexión con lo divino puede ser una vía de consuelo y paz interior que trasciende las dificultades diarias y los desafíos sensoriales.

La experiencia espiritual en la naturaleza puede brindar una profunda sensación de pertenencia y conexión con el universo sin las barreras que a menudo acompañan la interacción social. La tranquilidad que se experimenta al estar rodeado por la creación es capaz de conducir a una experiencia de oración o meditación que no depende de la palabra, sino de la presencia. La creación misma, en su esplendor, se percibe como un reflejo directo de la relación de uno con el Creador.

El poder del silencio

El silencio es otro aspecto clave que se encuentra en la naturaleza y a menudo en la vida de quienes están en el espectro autista. Suele volverse un refugio. Muchos niños se sienten abrumados por el ruido constante que caracteriza la vida cotidiana, pero al estar en un entorno natural, pueden encontrar un espacio donde este disminuye, lo que permite la introspección y la conexión profunda con el ser interior y con Dios.

El silencio en la naturaleza no es vacío, está lleno de significado. Cada elemento, la brisa, el sol, las hojas moviéndose, parece comunicarse de una manera sutil, pero poderosa, ayudando a los niños a comprender que, aunque el mundo sea ruidoso y confuso, existe un lugar donde es posible encontrar paz y escuchar lo que su corazón necesita. Este silencio puede convertirse en un lugar sagrado para el encuentro con la divinidad.

Un espacio para crecer

La naturaleza ofrece muchas oportunidades para aprender y desarrollarse. Los niños con autismo a menudo tienen una capacidad asombrosa para observar detalles que otros usualmente pasan por alto. Estos momentos de conexión con el mundo natural pueden ayudarles a desarrollar habilidades de concentración y atención. Además, a través de actividades al aire libre como caminar, correr o incluso practicar jardinería, es posible mejorar habilidades motrices, coordinación y conciencia del cuerpo.

Más allá de las habilidades físicas, estar en contacto con la naturaleza también puede ayudar a los niños a mejorar su sentido de identidad. A medida que se conectan con ella, tienen la posibilidad de entender su lugar en el mundo, no solo como seres humanos, sino como integrantes de la creación divina. La naturaleza les ofrece un recordatorio constante de que son parte de algo que los trasciende a ellos mismos y que tienen un propósito.

La visión divina de la naturaleza

Es preciso recordar que la naturaleza es un regalo divino. La Biblia nos dice que "Dios vio todo lo que había hecho, y he aquí que era muy bueno" (Génesis 1:31).

Cuando nos adentramos en ella experimentamos la bondad de la creación, que refleja el amor y la sabiduría de Dios.

Para muchos, estar en contacto con la naturaleza es una manera de reconocer la presencia de Dios en sus vidas. Es un recordatorio de que no estamos solos, de que la creación misma habla de su amor por nosotros. La paz que se encuentra allí es una manifestación de la que Dios desea impartir a todos, especialmente a aquellos que enfrentan desafíos únicos como los que presentan los trastornos del espectro autista.

En este capítulo hemos visto cómo la naturaleza puede ser una herramienta sanadora y transformadora en la vida de una persona en el espectro autista. Además de brindar un respiro del ajetreo del mundo moderno, también ofrece una conexión espiritual profunda que ayuda a fortalecer el vínculo con Dios. Al integrar momentos de contacto con la naturaleza en la vida diaria se favorece el bienestar físico y emocional, y se nutre el alma.

En definitiva, la naturaleza nos recuerda que hay algo más grande que nosotros mismos, que nos envuelve y nos conecta a todos: la creación divina de Dios. Y cuando permitimos que esta conexión fluya libremente, estamos en el camino hacia una mayor paz y armonía, tanto en nuestra relación con nosotros mismos como con los demás y con nuestro Creador.

CAPÍTULO 13

Refugio en la oración: palabras de fe y esperanza

La ansiedad y el miedo son emociones naturales que todos experimentamos en algún momento de nuestras vidas. Sin embargo, para los padres de niños en el espectro autista estas emociones pueden intensificarse debido a las incertidumbres y desafíos diarios. La oración se presenta como una herramienta poderosa para encontrar paz, fortaleza y esperanza. A continuación, te dejo algunas que pueden ayudarte en las situaciones difíciles de este proceso.

Oración para liberarse del miedo y la ansiedad

Señor, te pido que me rodees con Tu amor y protección. Ayúdame a liberarme del miedo que me paraliza y de la ansiedad que me consume. Permíteme sentir Tu paz, que trasciende todo entendimiento y que disipa las sombras del miedo que me envuelven. Amén.

Señor, en tus manos pongo mis miedos y preocupaciones. Confío en tu amor y en tu cuidado, en que me darás paz y fortaleza para superar este momento de ansiedad. Sé que en tu presencia encontraré descanso y tranquilidad.

Señor, gracias por tu promesa de que nunca me abandonarás. Te pido que calmes mi mente y mi corazón con tu presencia.

Padre, ayúdame a recordar que no estoy solo/a. Tu palabra dice que no tengo que cargar con mis ansiedades, porque tú estás conmigo.

Jesús, tú dijiste: "No se inquieten, yo estoy con ustedes". Te pido que me llenes de esa paz que solo Tú puedes dar y me ayudes a confiar en tu plan para mi vida.

Señor, en medio de mi ansiedad, te pido que me sostengas con tu mano poderosa y me des la serenidad que necesito para seguir adelante.

Dios, tú eres mi refugio y mi fortaleza. En Ti confío para calmar mi mente y liberar mi corazón de toda ansiedad.

Espíritu Santo, ven a mi ayuda en este momento de ansiedad. Lléname de tu paz y ayúdame a recordar que todo está en tus manos.

Señor, te entrego mis pensamientos y mis temores. Dame la serenidad de saber que estás conmigo y me guiarás en todo instante.

Oración por protección

Señor, te entrego a mis hijos en tus manos. Te pido que los rodees con tu protección y los guardes de todo mal. Que tu ángel los acompañe en cada paso que den y que, donde quiera que estén, sientan tu amor y cuidado. Que tu paz esté en sus corazones y que siempre confíen en Ti. Amén.

Oración por sabiduría

Padre celestial, te pido que les des sabiduría a mis hijos para tomar decisiones que honren tu nombre, que caminen en la luz de tu verdad y crezcan en tu amor. Señor, guíalos por el sendero correcto y ayúdales a seguir tus enseñanzas cada día. Amén.

Oración por su salud y bienestar

Dios bondadoso, te ruego por la salud y el bienestar de mis hijos, que los cubras con tu poder sanador y les concedas una vida llena de fuerza y vitalidad. Protege sus cuerpos, mentes y corazones, y llénalos de tu paz y alegría. Amén.

Oración por su fe

Señor Jesús, te pido que fortalezcas la fe de mis hijos, que puedan conocerte y amarte con todo su corazón y que siempre se apoyen en Ti, tanto en los momentos de alegría como en los de dificultad. Que su fe sea firme y que tu Espíritu Santo los guíe siempre. Amén.

Oración por su futuro

Padre eterno, te pido que guíes el futuro de mis hijos, que se conviertan en hombres y mujeres según tu corazón, con un propósito claro en sus vidas. Ayúdalos a seguir el camino que tú has planeado para ellos, llenándolos de esperanza, pasión y determinación. Amén.

Oración por su protección espiritual

Señor, protege el corazón y la mente de mis hijos de las influencias negativas y de todo lo que los aleje de Ti. Cúbrelos con tu armadura espiritual y fortalece su fe para que se mantengan firmes en tus designios. Que siempre te busquen en todo lo que hagan. Amén.

Oración por el amor y la unidad familiar

Señor, te pido que bendigas nuestra familia, que mis hijos crezcan en un hogar lleno de amor, respeto y unidad. Ayúdanos a ser buenos ejemplos para ellos enseñándoles el verdadero amor y la paz que provienen de Ti. Amén.

Mi deseo para ti

Hoy quiero hablarte desde lo más profundo de mi alma, con un amor tan inmenso que no hay palabras suficientes para describirlo, porque sé que cada día, sin que nadie lo sepa, enfrentas batallas invisibles que desgastan, que se llevan parte de ti, pero que te enseñan también la fuerza que llevas en tu corazón. Sé que muchas veces el cansancio y la duda te rodean, y que hay ocasiones en las que sientes que todo lo que das parece nunca ser suficiente. Pero, querida, déjame decirte algo que quiero que se escuche en lo más profundo de tu ser: dentro de ti hay una fortaleza que ni el tiempo ni la adversidad pueden arrebatarte.

Tu amor, ese que desbordas cada día, es el refugio donde tu hijo encuentra paz, donde se siente seguro en un mundo que a veces puede parecerle abrumador. Tus abrazos son su refugio; tus palabras, su salvación. Y cada día que luchas, que te sacrificas por su bienestar, aunque nadie lo vea, te conviertes en una heroína silenciosa, en una madre guerrera que sigue adelante, a pesar del dolor y las noches en vela.

Cada sonrisa que compartes con él es un acto de valentía, cada gesto de cariño un canto de esperanza. No subestimes el poder de esos momentos, esos pequeños instantes que parecen insignificantes, pero que son la semilla de todo lo que él llegará a ser. Tu dedicación es el puente invisible que lo conecta con un futuro lleno de sueños, de oportunidades que se harán realidad gracias a ti. Eres la raíz que sostiene su vida, el aliento que le da fuerzas cuando siente que no puede más.

Recuerda que no estás sola. Aunque a veces el camino parezca solitario, hay una comunidad de madres como tú, luchadoras, que se entienden en un nivel que las palabras no pueden explicar. Nos unimos en el dolor, en la alegría, en el amor. Porque, como tú, muchas estamos construyendo un futuro lleno de esperanza, unidas por el mismo amor incondicional. Cada historia, cada sacrificio, cada lágrima, son luces que se entrelazan para formar un faro que nos guía a todas.

Tu hijo es un ser único, extraordinario en su esencia y tú eres la primera que le muestra su valor, su grandeza. Lo que le das ahora, lo que le brindas con todo tu ser, será el cimiento de su vida, el reflejo de todo lo que un día será capaz de lograr. No permitas que el cansancio te haga dudar de tu importancia. Cada palabra de aliento, cada caricia, cada momento de presencia que le regalas es un legado que quedará grabado en su alma para siempre. Tú eres su mayor fortaleza, su razón para seguir adelante cuando el mundo le parezca incierto.

Sigue adelante, con la valentía que solo una madre puede tener. Aunque los pasos sean pequeños, aunque el cansancio te consuma, cada avance es un triunfo, un peldaño más hacia un futuro lleno de amor, esperanza y posibilidades infinitas. No olvides nunca el impacto que tienes, lo esencial que eres en la vida de tu hijo. El regalo más grande que le puedes dar es tu amor incondicional, tu fe inquebrantable en él, tu compromiso con su felicidad, todo lo que haces y lo que vives cada día.

Con todo mi amor, mi admiración y mi eterno respeto,

Ingrid Yánez Caballero

VERSÍCULOS BÍBLICOS PARA ACOMPAÑARTE EN EL CAMINO

"Echa sobre el Señor tu carga, y él te sustentará; no dejará para siempre caído al justo".
Salmo 55:22

"La paz os dejo, mi paz os doy; yo no os la doy como el mundo la da. No se turbe vuestro corazón, ni tenga miedo".
Juan 14:27

"No os afanéis por nada, sino sean conocidas vuestras peticiones delante de Dios en toda oración y ruego, con acción de gracias. Y la paz de Dios, que sobrepasa todo entendimiento, guardará vuestros corazones y vuestros pensamientos en Cristo Jesús".
Filipenses 4:6-7

"Porque yo soy el Señor tu Dios, que te sostiene de tu mano derecha, y te dice: No temas, yo te ayudo".
Isaías 41:13

"Venid a mí todos los que estáis trabajados y cargados, y yo os haré descansar".
Mateo 11:28

"El Señor es mi luz y mi salvación; ¿de quién temeré? El Señor es la fortaleza de mi vida; ¿de quién he de atemorizarme?".
Salmo 27:1

"Y el mismo Señor de paz os dé siempre paz en toda manera. El Señor sea con todos vosotros".
2 Tesalonicenses 3:16

"Tú guardarás en completa paz a aquel cuyo pensamiento en ti persevera; porque en ti ha confiado".
Isaías 26:3

REFERENCIAS BIBLIOGRÁFICAS

- American Psychiatric Association (APA). (2013). Diagnostic and Statistical Manual of Mental Disorders, 5th Edition (DSM-5). (Este manual es ampliamente utilizado para la evaluación del autismo y describe características específicas del trastorno en las primeras etapas del desarrollo, incluidas las dificultades en la interacción social, el lenguaje y los comportamientos repetitivos).

- Baron-Cohen, S., et al. (2009). Early identification of autism and the role of screening. En Journal of Child Psychology and Psychiatry, 50(9), 1073-1080. (Este artículo explora la importancia de la detección temprana de autismo, destacando los patrones de desarrollo que pueden ser indicativos de autismo en niños menores de 3 años).

- Beukelman, D. R., & Mirenda, P. (2013). Augmentative and Alternative Communication: Supporting Children and Adults with Complex Communication Needs (4th ed.). Paul H. Brookes Publishing.

- Bondy, A., & Frost, L. (1994). The Picture Exchange Communication System (PECS): A new way to teach nonverbal children with autism and other communication disorders to communicate. Behavior Modification, 18(2), 129-157.

- Centers for Disease Control and Prevention (CDC). (2020). Signs and Symptoms of Autism

Spectrum Disorder. https://www.cdc.gov/autism/ signs-symptoms/index.html (El CDC proporciona información detallada sobre las señales tempranas del autismo en niños, incluidas las que mencionas sobre la falta de respuesta al contacto visual, la falta de balbuceo y las dificultades en la imitación).

- De Theije, C. G., Kooi, E. J., & Korte-Bouws, G. A. (2014). The role of the gut-brain axis in the pathophysiology of autism spectrum disorders. European Journal of Pharmacology, 756, 180- 192. https://doi.org/10.1016/j.ejphar.2015.01.019

- Díaz, A., & Rodríguez, J. (2020). Microbiota and Gut-Brain Axis in Autism Spectrum Disorder: Implications for Therapeutic Interventions. Journal of Autism and Developmental Disorders, 50(4), 1249-1263. https:// doi.org/10.1007/s10803-019-04231-1

- Foster, J. A., & McVey Neufeld, K. A. (2013). Gut-brain axis: How the microbiome influences anxiety and depression. Trends in Neurosciences, 36(5), 305-312. https://doi.org/10.1016/j.tins.2013.01.005

- Frost, L., & Bondy, A. (2002). The Picture Exchange Communication System (PECS) training manual. Pyramid Educational Consultants.

- The Pyramid Approach to Education, Pyramid Educational Consultants (https://www.pecs.com/). (Es la principal organización encargada de la promoción y capacitación en el uso de PECS).

- Fundación Orange. (2019). Guía de comunicación aumentativa y alternativa. https://www.fundacionorange.es

- Light, J. C., & McNaughton, D. B. (2014). The Handbook of Augmentative and Alternative Communication. Plural Publishing.

- Lord, C., Rutter, M., & Le Couteur, A. (1994). Autism Diagnostic Interview-Revised (ADI- R). En Journal of Autism and Developmental Disorders, 24(5), 659-685. http://doi.org/1007/BF02172145
- (Este estudio proporciona una evaluación de las conductas y características del autismo, incluidas las observaciones en la interacción social y el lenguaje durante las primeras etapas del desarrollo).

- Lurie, I. A., & Solomon, L. (2021). Leaky Gut Syndrome and its Impact on Autism Spectrum Disorders: A Review of Current Research. Frontiers in Neuroscience, 15, 793. https://doi.org/10.3389/fnins.2021.726479

- Mesibov, G. B., & Shea, V. (2010). The TEACCH approach to autism spectrum disorders. Springer Science & Business Media.

- Molloy, C. A., & Manning-Courtney, P. (2015). The Role of the Gut Microbiome in Autism Spectrum Disorder. Current Opinion in Psychiatry, 28(6), 401-406. https://doi.org/10.1097/YCO.0000000000000219

- Schlosser, R. W., & Wendt, O. (2008). "Effectiveness of augmentative and alternative communication intervention for children with autism spectrum disorders: A systematic review". Journal of Autism and Developmental Disorders, 38(2), 182-193. DOI: 10.1007/s10803-007- 0402-2

- Schopler, E., & Mesibov, G. B. (Eds.). (1995). Learning and cognition in autism. Plenum Press.

- Schopler, E., & Reichler, R. J. (1993). The TEACCH approach to autism spectrum disorders. Springer Science and Business Media.

- The University of North Carolina (s.f.). TEACCH Autism Program (https://www.teacch.com/). (El sitio oficial del programa TEACCH de la Universidad de Carolina del Norte ofrece recursos e información sobre el enfoque y sus aplicaciones).

- Lord, C., & McGee, J. (2001). Educating children with autism. National Academies Press.

- Vargas, D. L., Nascimbene, C., Krishnan, C., & Zimmerman, A. W. (2005). Neuroglial activation and neuroinflammation in the brain of patients with autism. Annals of Neurology, 57(1), 67-81. https://doi.org/10.1002/ana.20315

- Wolff, H., & Ziegler, D. (2013). Early signs of autism spectrum disorders in infants and toddlers. En Developmental Medicine & Child Neurology, 55(2), 94-101. (Este artículo describe las características tempranas del autismo en bebés y niños pequeños, incluyendo la interacción social limitada y los retrasos en el lenguaje).

BIOGRAFÍA DE AUTORA

Ingrid Yánez Caballero nació en Caracas, Venezuela, y creció en Miami, Florida, Estados Unidos, donde se mudó a los 13 años, un cambio que marcó el comienzo de un nuevo capítulo en su vida. Actualmente, vive en Carolina del Norte con su amado esposo, Diego, y sus dos hijos, quienes son su mayor bendición. Juntos, exploraron un nuevo horizonte en busca de oportunidades y un futuro mejor para la familia.

Tiene una Maestría en Administración de Empresas y ha realizado estudios de televisión y producción. Desarrolla una carrera multifacética que abarca los ámbitos administrativo y financiero. Actualmente, se desempeña en el área de administración y contabilidad, donde aplica su experiencia ayudando a empresas a alcanzar sus objetivos con eficiencia y organización.

A lo largo de su vida, ha sentido una profunda pasión por escribir, un medio a través del cual expresa su amor por la vida, su fe y su visión del mundo.

Es una madre y esposa cristiana que se autodefine como una persona única, directa, sincera y emocionalmente abierta, conocida por su alegría, su energía vibrante y su capacidad para conectar con los demás de manera genuina y compasiva.

Se ha especializado en el autismo y el trastorno por déficit de atención e hiperactividad (TDAH), concentrada en apoyar a familias que no hablan inglés. A través de su empresa, ha creado un espacio seguro para ayudarlas a recorrer desde la sospecha del autismo hasta el diagnóstico, con orientación práctica, apoyo emocional y recursos educativos.

Este libro refleja su viaje personal, las lecciones que ha aprendido en su camino y el poder transformador del amor, la fe y la resiliencia. Espera que su historia inspire a otros a encontrar fuerza y esperanza, incluso en los momentos más difíciles, y que, a través de su experiencia, otras familias se sientan comprendidas y apoyadas en sus propios viajes.

Made in the USA
Columbia, SC
06 June 2025

59019233R00098